若者と労働

「入社」の仕組みから解きほぐす

濱口桂一郎
労働政策研究・研修機構研究所長

465
中公新書ラクレ

まえがき

若者の労働問題は何重にもねじれた議論の中でもみくちゃになっています。

一方には、日本の労働社会では中高年が既得権にしがみついているために若者が失業や非正規労働を強いられ、不利益を被っていると糾弾する議論があります。

他方には、近頃の若者は正社員として就職しようとせず、いつまでもフリーターとしてぶらぶらしているのがけしからんと非難する議論があります。

現実社会の有り様《ありよう》をきちんと分析することなく情緒的な議論で世の中を斬りたがる人々が多いことの現れなのでしょうが、いつまでもそのような感情論でのみ若者の労働が語られ続けること自体が、この問題をきちんと位置づけ、正しい政策対応を試みる上での障害となる危険性があります。

本書は、今日の若者労働問題を的確に分析するために、日本型雇用システムやそれと密接に結びついた教育システムの本質についてかなり詳細な議論を展開し、それを踏まえて若者雇用問題とそれに対する政策の推移を概観し、今後に向けた処方箋の提示を行います。

そのポイントをごくかいつまんで述べれば、まず第一に、仕事に人をはりつける欧米のジョブ型労働社会ではスキルの乏しい若者に雇用問題が集中するのに対して、人に仕事をはりつける日本のメンバーシップ型労働社会では若者雇用問題はほとんど存在しなかったこと、第二に、しかし、一九九〇年代以降「正社員」の枠が縮小する中でそこから排除された若者に矛盾が集中し、彼らが年長フリーターとなりつつあった二〇〇〇年代半ばになってようやく若者雇用政策が始まったこと、第三に、近年には正社員になれた若者にもブラック企業現象という形で矛盾が拡大しつつあること、となります。

これらは、メンバーシップ型社会の感覚を色濃く残しながら都合よく局部的にジョブ型社会の論理を持ち込むことによって、かつてのメンバーシップ型社会でも欧米のジョブ型社会でもあり得ないような矛盾が生じているものと見ることができるでしょう。

これに対して本書が提示する処方箋は、中長期的にはジョブ型労働社会への移行を展望しつつ、当面の政策としては正社員と非正規労働者の間に「ジョブ型正社員」という第三の雇用類型を確立していくことにあります。

分かりやすく攻撃対象を指し示すようなたぐいの議論に慣れた方には、いかにも迂遠《うえん》で持って回った議論の展開に見えるかもしれませんが、今日の日本に必要なのは何よりもまず落ち着いて雇用システムや教育システムの実態をきちんと認識し、一歩一歩漸進的にシステムを改革していくことであるとすれば、本書のような議論にもそれなりの意味があるのではないかと思われます。

目次

第3章 「入社」のための教育システム 111

第4章 「入社」システムの縮小と排除された若者 141

第7章 若者雇用問題への「処方箋」 235

本文ＤＴＰ・図表作成／市川真樹子

若者と労働　「入社」の仕組みから解きほぐす

省庁名、団体名等は、当時の名称を使用した。

序章

若者雇用問題がなかった日本

若者雇用という問題は、今日の日本では労働社会政策においてもっとも切実で重要なものと感じられていますが、過去にはそうではありませんでした。長らく日本の雇用政策の中心を占めていたのは中高年問題であり、若者問題ではなかったのです。

それを象徴するのが労働行政における組織的な扱いです。労働省職業安定局に高齢者対策部が設置されたのは一九八二年で、三〇年以上も昔ですが、厚生労働省に**若年者雇用対策室が設置されたのは二〇〇四年のこと**で、まだ一〇年も経っていません。「室」ができるまでは、業務調整課の若年者雇用対策係という一係の所管に過ぎませんでした。その係は二〇〇〇年以前は学卒係と呼ばれ、かつては主に中学校、その後は主に高校の新卒予定者の就職を担当していました。

つまり、日本の雇用政策において、若者はもっぱら日本的な「学校から仕事へ」の枠組みにおいてのみ捉えられていたのです。学卒者対策以外に若者雇用対策が存在しなかったのは、

中学や高校の学卒者以外に若者に固有の雇用問題など存在しないと認識されていたからでしょう。

これは欧米諸国の状況とは全く異なるものでした。日本も欧米諸国も、一九七三年に石油危機を被り、深刻な雇用問題が発生したという点では共通していましたが、労働市場で不利益を被った年齢層は対照的でした。

すなわち、日本では人件費の高い中高年労働者の排出が進み、中高年失業者が大きな雇用問題となったのに対して、欧米諸国では技能の低い若者が就職できないという形で失業者として滞留したのです。このため、長らく**欧米諸国で雇用対策といえば主として若年者対策であり、中高年対策中心の日本とはなかなか嚙《か》み合いませんでした**。

この原因は両者の雇用システムの違いにあります。

長期雇用慣行の中でスキルのない若者を採用して職場で教育訓練を行い、年功的処遇をしていく日本型雇用システムでは、若者にスキルがないことは採用の障害ではなく、年功的処遇がもたらす中高年の人件費の高さが問題であり、そこに問題が集中しました。

それに対して職務に見合った処遇が原則の欧米諸国では、中高年の人件費はスキルに見合っている限り問題ではなく、スキルのない若者が採用されないという形で矛盾が現れました。それゆえ、若者の雇用促進のために高年齢者の引退促進が政策として進められたのです。

石油危機後に起きた雇用問題の比較

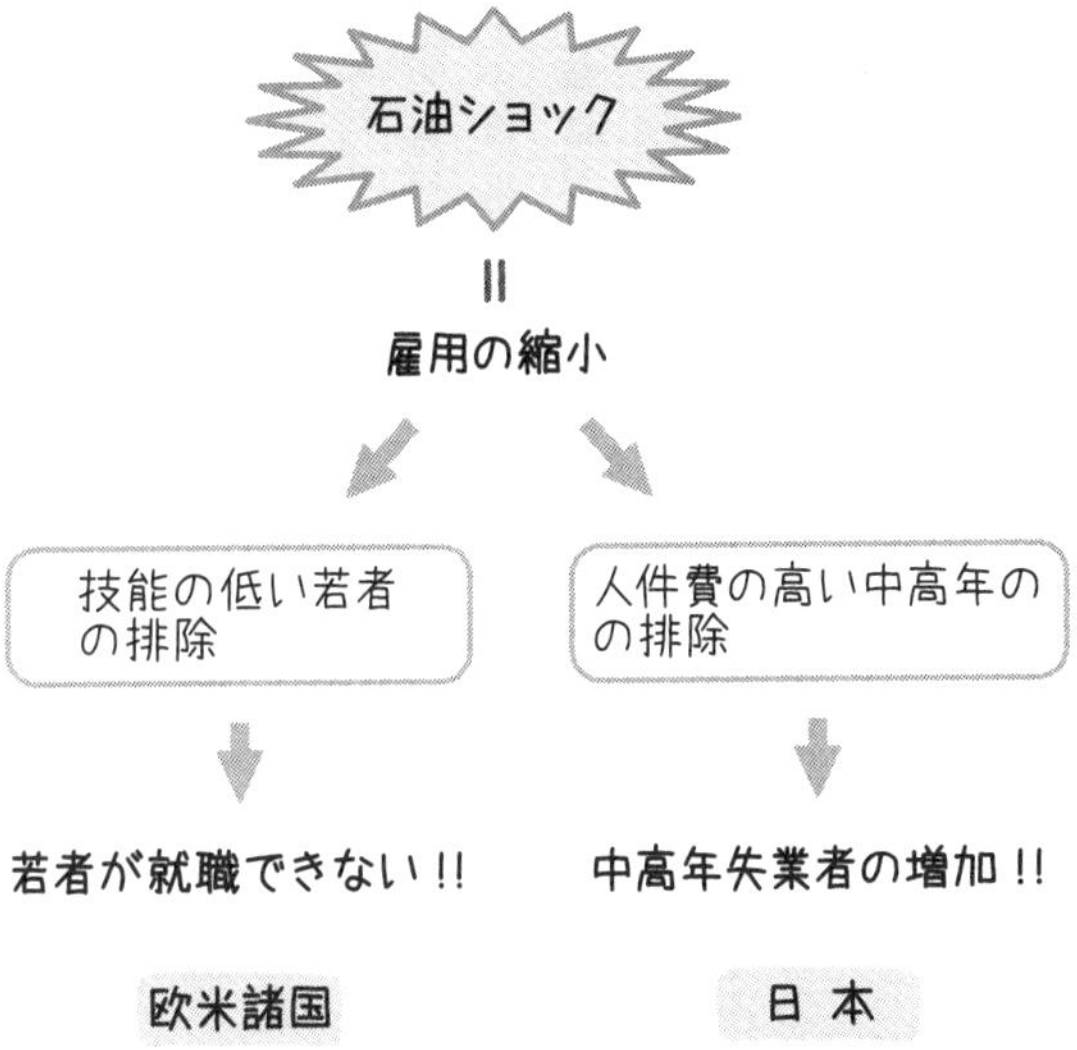

しかしながら一九九〇年代後半以降、両者で問題状況が変化しました。欧米諸国においても年金支給年齢の引上げとの関係で、高齢者の雇用促進が重要課題とされるようになる一方、日本でも「学校から仕事へ」の移行がうまくいかなくなるにつれて、フリーターやニートという形で若者の雇用問題が政策課題として意識されるようになってきたのです。それでも二〇〇〇年代初頭にかけての時期にはなお、主として若者の職業意識の問題として論じられるなど、若者雇用対策は主流化するに至りませんでした。

政府が本格的に若者雇用対策に乗り出したのはちょうど一〇年前の二〇〇三年、「若者自立・挑戦プラン」が策定された時です。それ以来、さまざまな対策が講じられてきましたが、**日本の若者雇用対策はせいぜい一〇年の歴史しかないという事実**をしっかり認識しておく必要があります。

本書は、まず欧米諸国とは対照的に日本で若者雇用が問題化してこなかった原因である日本型雇用システムについて、**欧米の「ジョブ型社会」と日本の「メンバーシップ型社会」**という概念をキーワードにしながら詳しく説明していきます。

そのポイントは、日本で「就職」と呼ばれている現象が、その実態は「職（ジョブ）」に「就」くことではなく、「会社」の「一員（メンバー）」になること、つまり「入社」であるという点にあります。いったん「入社」して「正社員」になれば、職務や時間・空間の限定なく働かなければならない義務を負う代わりに、定年までの職業人生を年功賃金によって支える生活保障が与えられました。

ここで重要なのは、学校教育の世界と雇用労働の世界を貫く**「メンバーシップ型」の仕組みが、少なくともある時期までは若者の「就職」（＝「入社」）を極めて容易なものとしていた**ということです。スキルが乏しいがゆえに採用されにくい欧米の若者に対して、余計なスキルを身につけていない方が採用されやすかった日本の若者は、そこだけ見れば「いい目」を見ていたといえないことはありません。

しかしながら、そうした「入社」のシステムが一九九〇年代後半以降縮小すると、そこからこぼれ落ちた若者たちを待っていたのは、なかなか非正規労働から脱却できないまま次第に年をとっていくという運命でした。ところが社会の主流はなお「夢見るフリーター」を批判する論調であふれ、若者雇用問題が真剣に取り上げられるようになったのは上述のように二一世紀に入ってからでした。そしてそれとともに、望ましいはずの「正社員」になれた若者たちの働き方の問題点も指摘されるようになってきたのです。

本書は最後に「**ジョブ型正社員**」という提案を行います。それがどういう意味を持つものであるのかを理解するためにも、本書の各章を順を追って読んでいっていただければと思います。

第1章 「就職」型社会と「入社」型社会

1 「ジョブ型」社会と「メンバーシップ型」社会

「ジョブ型」と「メンバーシップ型」の原点

若者雇用問題を根っこにさかのぼって議論するためには、日本型雇用システムの本質はどこにあるのか？　という問題に取り組まなければなりません。これについては、既に私自身、『新しい労働社会——雇用システムの再構築へ』（岩波新書）や『日本の雇用と労働法』（日経文庫）といった著書で、諸外国がジョブ型労働社会であるのに対して日本はメンバーシップ型労働社会であるという形で概括的に説明してきていますが、本書ではもう少し突っ込んで詳しく説明しておきたいと思います。

この「ジョブ型」と「メンバーシップ型」という対比は、言葉自体は私が作ったものですが、その基本的考え方は多くの労働研究者たちが練り上げてきたものです。その中でもとりわけ私が強い影響を受けたのは、かつて労働省で長く労働経済課長を務め、一九七〇年代に多くの『労働白書』を執筆し、その後中京大学で教鞭を執られた田中博秀氏の考え方です。

彼が労働研修所長時代の一九八〇年に刊行した『現代雇用論』（日本労働協会）では、「第5章　日本的雇用慣行の特徴」において、OECD（経済協力開発機構）の報告書が終身雇用、年功序列、企業別組合という「三種の神器」によって日本の雇用慣行を説明していることと、そしてその説明が日本でもそのまま受け入れられていることに疑問を呈し、背後にあってそれらを生み出している原理を何とか摘出しようとしています。

以下、基本的に田中博秀氏の『現代雇用論』の記述に沿いながら、少しずつ解説していくことにしましょう。

誰も理解していない日本型人事管理の理由

田中氏はまず最初に、「日本の企業の人事担当者は、自分たちが毎日やっている**人事や、賃金管理の仕事がどのような原理原則のもとに行われているものであるのか、理解していない**」と喝破します（強調は筆者。以下同）。

たとえば毎年夏になると、翌年春の新規学卒採用者の募集の準備を始めますが、なぜそれをやらなければならないのか本当にわかっている人は非常に少ないと指摘します。同様に、夏のボーナスの交渉、秋に行われる新規学卒者の採用試験、暮れのボーナスの交渉、四月に新しく入社してくる新規学卒者の教育・訓練や職場配置などの準備、そして四月一日付の定期人事異動と定期昇給など、「日本人にとって極めて当たり前のことになっている人事のやり方、そして長い年月にわたって、毎年毎年決まりきったことのように同じように繰り返し行われていることの一つ一つが、なぜそうするのか、あるいはなぜそうしなければならないのか、と改めて聞かれると、その理由が理解されていないことが多い」と指摘しているのです。

一方、従業員の側もその理由を理解することもなく、流れに乗っているだけです。ここは田中氏の著書から引用してみましょう。

学校時代には、卒業後に自分がどのような職業につくことになるのかについて考える学生はほとんどいない。どこかに就職しなければならないことだけはわかっているから、できるかぎり良い会社に就職しようとして、真面目な学生はそれが唯一の励みとなって、一生懸命に勉強しようとする。ところが学生にとってその就職先がどこであるかわかっている場合は極めて稀《まれ》である。というよりも、ほとんどの学生は、そしてその両親も、先生も、世間一般も、**どこの会社に就職し、そこでどのような職業生活を送るようになるかは、もっぱら会社が決めることだと思い込んでいる。**自分は銀行員になりたいと思っていても、あるいは親は息子を公務員にさせたいと思っていても、それが可能かどうかはわからない。秋になって、全国一斉に行われる就職試験というこれまたまことに奇妙な日本的セレモニーを通過してみないと、その学生の職業生涯がどのようになるのかは、日本ではわからないのである。

……少なくとも、長い学校生活の間に、学校を卒業して就職したときに直接役立つような職業についての勉強や準備をしていないことだけは確かである。それは、銀行員になるか、それとも公務員になるかについて、自分はもとより、両親も、先生も、それを決定する力をまったくもっていないからであり、銀行員になるための勉強も、公務員になるための準備も、しようとしてもまったくしようがないからである。

どうでしょう。大きな枠組みについては昔も今もほとんど同様であることがよくわかります。この本が出されてから三〇年以上経ちますが、依然として**人事担当者も従業員も、学生もその親たちも先生も、その圧倒的多数は、こういう奇妙な仕組みが「どのような原理原則**

の下に行われているものであるのか、理解していない」のではないでしょうか。

この問いに対する答えも、三〇年以上前に出された田中博秀氏の本に書かれていることに付け加えるべきことはほとんどありません。この問題をここまで丁寧に解きほぐし、わかりやすく解説した文章は残念ながらいまだほかには見当たらないのです。

「人」と「仕事」の結びつけ方

田中氏によれば、「そもそも人事管理ないし賃金管理というのは、企業活動を維持するために必要な職務（job）に対して、人をどのようにはりつけるかということに関連するもの」です。

およそ企業活動を遂行するためには多種多様の職務が必要となりますが、その一つ一つの職務に対して、誰を、どのようにはりつけるかという問題です。それは、その人の担当する仕事についての権限、責任などを明らかにするとともに、その仕事に従事することに対する報酬＝賃金などの労働条件を明らかにすることでもあります。

その「人」と「仕事」の結びつけ方を決める決め方には、大きく分けて二つの異なったやり方があります。

第一のやり方は「仕事」の方を厳格に決めておいて、それにもっともうまく合致する

「人」を選定するというやり方です。

第二のやり方は、まず「人」を決めておいて、「仕事」の方はできる限り緩やかに、それを担当する「人」の持ち味をできる限り発揮できるように決めていくというやり方です。

……「人」と「仕事」の結びつけ方を前者のケースのように、「仕事」をベースとし、それに合致した「人」を選んでそれにはりつけるというやり方をとろうとするときには、「仕事」の内容、範囲、責任、権限などを誰がみてもまったくまぎれのないように明確に決めておく必要がある。それがあいまいであっては、それを担当する「人」を探そうにも探しようがないし、かりに「人」を適当に決めてしまったとしても、その「人」が何を、そしてどのように行ったらいいのかわからなくなり、その結果、その組織全体がうまく動かなくなってしまう。ということは、企業活動を効果的に遂行するために必要なすべての職務の一つひとつについて、上は社長権限から下は平社員の権限に到るまで、例えば「職務記述書」ないし「権限規程」などの様式により、明確にされていなければならないということである。

……欧米諸国におけるオフィスの姿のように、職員一人ひとりの個室がきちんと割り当てられていて、その個室の中に誰が入ろうとも、まったく同じようにその仕事が遂行さ

「人」と「仕事」の結びつけ方

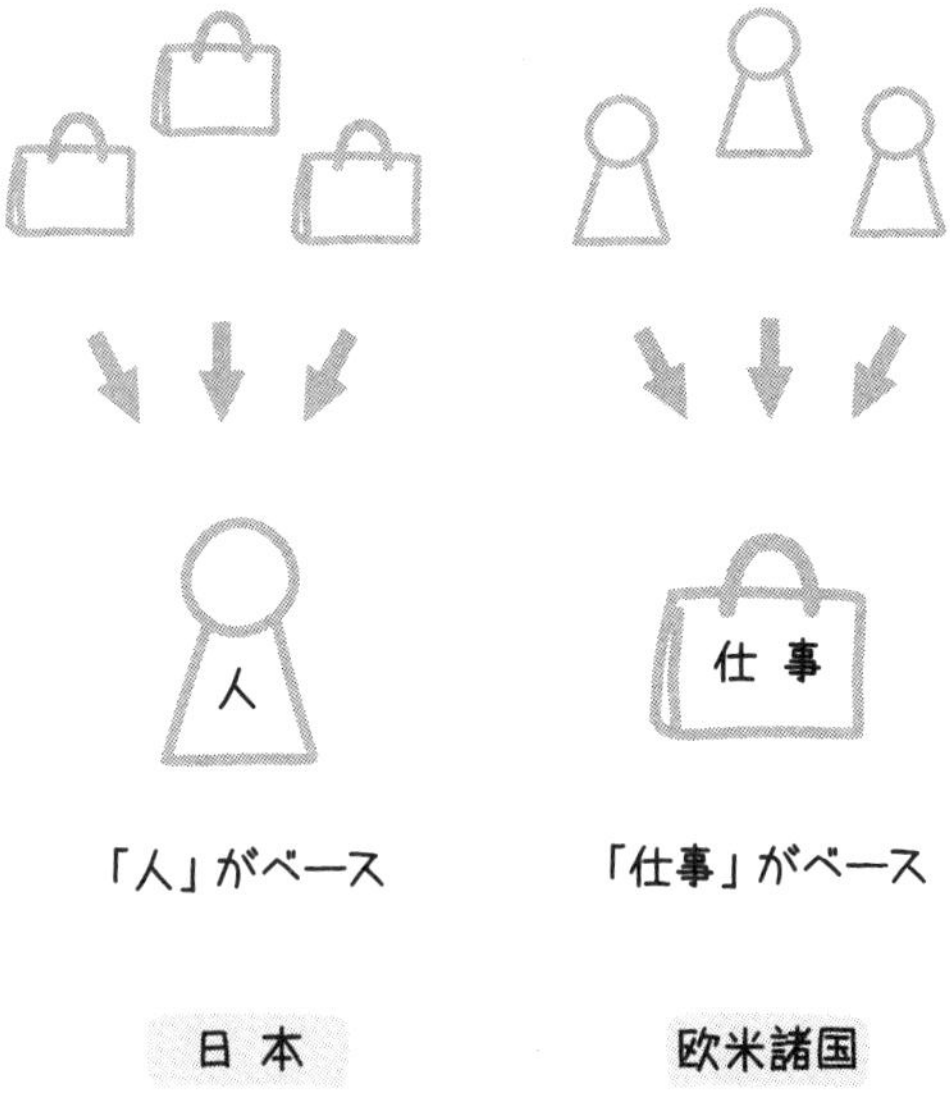

れるようになっていなければならないのである。

ここで、何よりも重要なことは、職務をあらかじめ定められたとおりに完全に遂行する限りは、その職務についてあらかじめ定められている賃金などの労働条件が、それを担当する「人」に当然の権利として保証されるということです。それは、その「仕事」の内容、責任、権限に基づいて決められているものであり、その「仕事」に関係のないいっさいの出来事、例えば入社年次とか、採用時の資格とか、男性、女性とかといった条件とは全く関係がありません。欧米で一般的な「職務給」とは、まさにそういうものです。

それと同時に社会の在り方として重要なことは、「仕事」の方が明確に決められているのに対応して、それにはりつけられる「人」についても、どの「仕事」がどのくらいできる「人」かという形で、明確に区別できるようになっていなければならないということです。

そのためには、「人」は、年齢や性別や出身というような属性によって管理されるのではなく、「仕事」というレッテルによって管理されなければなりません。

例えば、私は旋盤操作という「仕事」のできる人です、私は経理事務という「仕事」のできる人です、私は法務という「仕事」のできる人です、といったレッテルをすべての労働者がぶら下げているというイメージです。労働者はみんなそのレッテルによって労働市場に自分を登録し、会社などに対して売り込みを行うのです。

こういう状況を一言でいえば**「職業」というものが社会的に確立している**ということになるでしょう。

日本では「人」と「仕事」をどう結びつけるか

これに対して日本では、医療の世界のような特殊な分野を除けば、そういう意味での「職業」はあまり、いやほとんど確立していません。**多くの労働者がぶら下げているレッテルは、私はこの「仕事」がこのくらいできますというレッテルではなく、私は何々という会社の社員ですというレッテルです。**

これは先に述べた「人」と「仕事」を結びつける第二のやり方、つまり「人」の方を先に決めるやり方に由来するのです。このやり方の場合、その「人」が、その「仕事」を担当する素質なり、潜在的能力なりをもっておればよく、必ずしもその仕事に就いた瞬間から完全にその「仕事」をこなせる必要はありません。むしろ、実際に仕事をこなしながらそのスキルが上がっていくことが一般的には期待されています。この場合重要なのは、個々の具体的な「仕事」ができるかできないかというよりも、**就く可能性のある様々な「仕事」について、はじめはおぼつかなくても仕事をこなす中でできるようになっていく潜在能力があるかどう**

かという点です。つまり、「仕事」よりも「人」の特性の方が重要なのです。

それを何で判断するかというと、年齢であったり、学歴であったり、さらには人間性などというあいまいなものであったりするわけです。そういう観点からみて、ふさわしい「人」であるならば、かりにその「仕事」について全く未経験であったり、その「仕事」について何の知識や実績を持っていない人であっても、その「仕事」の担当者となることは十分可能なのです。

このやり方の場合には、賃金の決め方も「人」に着目するものになります。まず、「仕事」を決めてそれに「人」をはりつけるというやり方の場合、その「仕事」ごとにあらかじめ定められた賃金を支払えば何ら問題はありません。それが職務給というものでした。ところがまず「人」を決めてそれに「仕事」をはりつけるやり方の場合、たまたま担当している「仕事」とは無関係にその「人」ごとに賃金を決めなければなりません。

ではそれはどのようなやり方なのか、この点については第2章の冒頭のところで詳しく説明しますが、一言でいえば定期昇給制度による年功賃金制ということになります。

「社員」は会社のメンバーか?

このように、田中博秀氏は三〇年以上も前に、欧米諸国と日本の人事管理、賃金管理の違いをその本質にさかのぼって明確に摘出していました。

すなわち、**「仕事」をきちんと決めておいてそれに「人」を当てはめるというやり方の欧米諸国に対し、「人」を中心にして管理が行われ、「人」と「仕事」の結びつきはできるだけ自由に変えられるようにしておくのが日本の特徴**だということです。

前者は田中氏自身も「仕事」や「職務」をキーワードとして用いていますから、「**ジョブ型**」と名付けることは極めて自然でしょう。初めにジョブありき、そしてそのジョブに人を当てはめるのが人事管理、賃金管理の基礎になるわけです。

これに対して後者のやり方は、初めに「人」ありき、そしてその「人」に仕事を当てはめるわけですが、それを「ジョブ型」に対して何型と呼べばいいのでしょうか。「人型」では、その「人」がどういう人であるかがわかりませんね。どんな「人」でも適当にもってきて仕事を当てはめるわけではありません。その「人」というのはあらかじめ限定されています。これをうまく表現するもっと適切な呼び方はないのでしょうか。

その答えは、意外なことに私たちが日頃使っている日常用語の中にあります。実は田中氏の説明の中にもその言葉が何気なく使われています。

それは「**社員**」という言葉です。

和英辞典を引くと、「社員」はエンプロイー（被用者）という英語に訳されています。しかし、この英語には「員《メンバー》」に当たる部分はありませんね。エンプロイーは単に雇用されている人というだけの意味です。何のために雇用されているのか、というと、まさに特定の「仕事」にはりつけるためです。

つまり、エンプロイーというのは、「仕事」にはりつけられている限りにおいて、その仕事が属する企業と関わりを持つ存在なのですから、会社のメンバーではあり得ないわけです。では会社のメンバーと呼べるのは誰でしょうか？　「社員」を直訳すればメンバー・オブ・カンパニーですね。これは英語ではどういう意味かというと、「株主」という意味になります。株式会社というのは株主が集まって作られた団体なので、当然その**「メンバー」というのは株主**ということになるわけです。

逆に言うと、日本人がエンプロイーのことを「社員」と呼ぶということは、会社というものを、株主の集まった団体ではなく雇われた「人」の集まりだと考えているということを意味します。

どうですか。「そんなの、当たり前だろう」と思った方、実はそれが欧米諸国と対照的な日本の特徴なのです。この点は、後ほど日本の法律について説明するところで、もう一度どんでん返しをしますが、とりあえず今のところは世間の常識に従って素直に理解しておいてください。

日本では、会社というのは「社員」という「人」の集まりだが、その「社員」というのは英語でいうエンプロイーのことを指す、と。つまり、初めに「人」ありき、というときのその「人」は、会社のメンバーである「人」という意味なのですね。初めに「メンバー」としての「人」ありき、という意味で、これを私は「メンバーシップ型」と呼ぶことにしました。欧米においては会社のメンバーなどではあり得ないエンプロイーが日本では会社のメンバーになっているということ、そしてそのメンバーに仕事を当てはめるというのが日本の仕組みであるということを一言で表現する言葉として、なかなかよくできているのではないかと思っています。

とりあえずここでは、**「メンバーシップ型」が日本の労働社会の特徴である**ということをしっかり頭に入れておいてください。

2　どのように会社に「入る」のか?

新卒定期採用方式というユニークなやり方

田中博秀氏の『現代雇用論』はさらに、**新卒定期採用方式**について詳しく論じています。

実は、田中氏の議論の大きな特徴は、日本的雇用慣行の最大の特質をその入口である新卒定期採用制に求めた点にあります。これは、田中氏が長年労働行政に携わり、「学校から仕事へ」の移行プロセスを観察し続けてきたことが背景にあるのかもしれません。

田中氏の記述に沿いながら、具体的にそのやり方を見ていきましょう。

日本においては、年度替わりの四月一日付で、その前の年度の新規学卒者の中からあらかじめ選抜しておいて一斉に採用するのが一般的です。

新規学卒者の側から見れば、学校卒業後に就職しようとすれば、このような企業側の採用のやり方に合わせて、卒業と同時に四月一日には就職できているように、**在学中から就職の準備をし、内定を得ておく必要がある**ということになります。

ここで、本書の後の記述に深く関わる一節を、田中氏の著書から引用しておきましょう。

……わが国においては、この学校を卒業してはじめて社会人となるときにうまく自分の希望する会社に就職できないと、極端にいえば、そのあとの一生を世間一般並みに安定し、充実したものとして送ることができなくなってしまうことすら起こりかねないのである。企業の側も、この年度の替わりのときにもっぱら新規学卒者から人を採用しようとし、その他の年度の途中の時期には余程の事情がない限り人を採用しないため、通常の場合には、この年度替わりの際に、企業からの労働力需要が大量にまとまって発生することになるから、新規学卒就職希望者は自分の希望するところへ就職することは困難であるとしても、……ほぼ**間違いなく全員が自分の就職先を見つけ出すことができるようになっている**のである。

おそらくここで、現代の読者からは「今では『ほぼ間違いなく全員が自分の就職先を見つけ出すことができるようになって』なんかいないぞ！」というつっこみが入るでしょう。それはある面では確かにそうなのですが、しかしこのような仕組みの存在しない欧米諸国に比べれば、なおかなりの程度「ほぼ間違いなく全員が自分の就職先を見つけ出すことができるようになって」いることもまた事実なのです。このあたりの消息をきちんと理解しておくことが、若者雇用問題を正しく論じる上で極めて重要です。それは、日本と異なる欧米諸国の採用方式と比較対照することで浮かび上がってきます。田中氏の解説を続けてみていきましょう。

欧米諸国の欠員補充方式

欧米諸国においては、日本のような新卒定期採用方式はとられていません。

欧米諸国の企業からすれば、新規学卒者、つまり企業に採用してもさしあたっては何の役にも立たないような、職業経験も知識も何も持たないような者をもっぱら好んで採用しようとすることは、とても理解することができないのです。

欧米諸国の企業における人の採用のやり方の原則は、「**必要なときに、必要な資格、能力、経験のある人を、必要な数だけ」採用する**ということにあります。それは日本の新卒定期採用方式に対して、**欠員補充方式**と呼ぶことができるでしょう。

従って欧米の企業においては、学校卒業時に一斉に従業員の採用が行われるということは起こりえませんし、まして、卒業の遥か以前から学校での勉強を放っておいて就職活動に奔走するというようなことはありえないのです。

このように、日本の新卒定期採用方式と欧米の欠員補充方式を対照させた上で、田中氏は自らアメリカとヨーロッパの五か国の企業を実際に訪問して調査してきた結果に基づき、その具体的な在り方がいかに異なるかを解説していきます。やや細かい記述ですが、この点をきちんと説明したものが依然としてあまりないので、今でも大変貴重です。

欠員補充方式の具体的なやり方

田中氏によれば、欧米諸国の企業における人の採用のやり方には、労使の間ないし企業と従業員の間で確立された一定のルールが存在しています。

例えば、Aという職場のaというポストに欠員が生じた場合、まずAという職場の責任者の権限ないし職務として、aというポストを担当する適任者がいないかどうかを決めます。つまり、その欠員の補充については第一次的には、人事部においてではなく現場で決定がなされ、その結果が人事部に通報されるだけです。

そして、その場合の現場における欠員の補充については、Aという職場の中に、aというポストに替わることを希望する者がいる場合には、その希望者がaというポストの仕事を担当するのに必要な資格、能力、経験を有する限り、その希望者をそのポストに就けるのが一般的なルールです。これは昇進の場合でもまったく同様です。

こうしてAという職場の中でbというポストに就いていた人がaのポストに替わった場合には、今度はAという職場において、bというポストに欠員が生ずることになります。そして、そのbというポストに替わることを希望する者がAの職場の内部に存在しない場合に、初めてその欠員の補充の仕事が人事担当部局に回ってくることになります。

その欠員補充のやり方もルールも決まっています。まず社内にそのA職場のbポストに替わることを希望する者がいるか否かを確認し、もしその希望者がいる場合には、その希望者が必要な資格、能力、経験を有する限り、そのポストへの異動を行います。具体的には、あらかじめ定められた掲示板に欠員が生じた旨、全従業員に対して通知され、従業員はその掲示に基づいて異動希望を申し出るというやり方を取ります。

このような手続きを経て、社内での欠員補充のための必要な手続きをとってもなお、欠員が残った場合に、初めて人事担当部局において、社外からその欠員を埋めるための人の採用が行われることになります。その場合にも、基本的には社内募集の場合と同様に、現場の判断が重要視されるのが普通です。

どうですか。欧米で一般的な欠員補充方式では、社内でまかなえない欠員が出て初めて採用が行われるのです。日本と違って、「ほぼ間違いなく全員が自分の就職先を見つけ出すことができるようになって」はいないことが理解できるでしょう。

「入口」を特定するかしないか

ところで、このような田中氏の説明を見ていくと、欧米の労働市場は流動的だというけれども、企業内部で異動したり昇進したりしているじゃないか、その点では日本と似ているじゃないか、という感想を持つ人もいるかもしれません。しかし、それは基本的な仕組みの違いを抜きにした議論なのです。

日本の新卒定期採用方式では、企業への「入口」が新規学校卒業時という特定の時期と年

齢層に限定されているのに対して、**欧米諸国の欠員補充方式では、『入口』が企業組織のどこにでも、そしていつでも誰に対しても開かれている**」という点で全く異なります。

言い換えれば、欧米の企業においては、日本の企業のように、企業への「入口」が特定されていないということです。この点を、田中氏は四四ページ図表1の比較図でわかりやすく示しています。

このような企業への〝入口〟からの人の入り方の違いは、……企業の内部における人事管理のやり方にも当然影響を与えることになる。欧米の企業のように、企業内組織のすべてのポストが直ちに外部からの〝入口〟となりうるということを原則としているときには、……企業内部における人事管理のやり方の中に定期的な人事異動方式というものを用意しておく必要はない。……

ところが、わが国の企業のように、新規学卒採用方式をとっている限り、毎年四月に必ず定期的に、大量に、差し当って企業内部に欠員ポストがあるか否かとは関係なく人事異動を行わざるをえなくなる。

この理屈はわかりますね。新卒採用者を四月一日にどこかの職場に配置したら、その配置

図表1　日本と欧米の採用慣行の違い

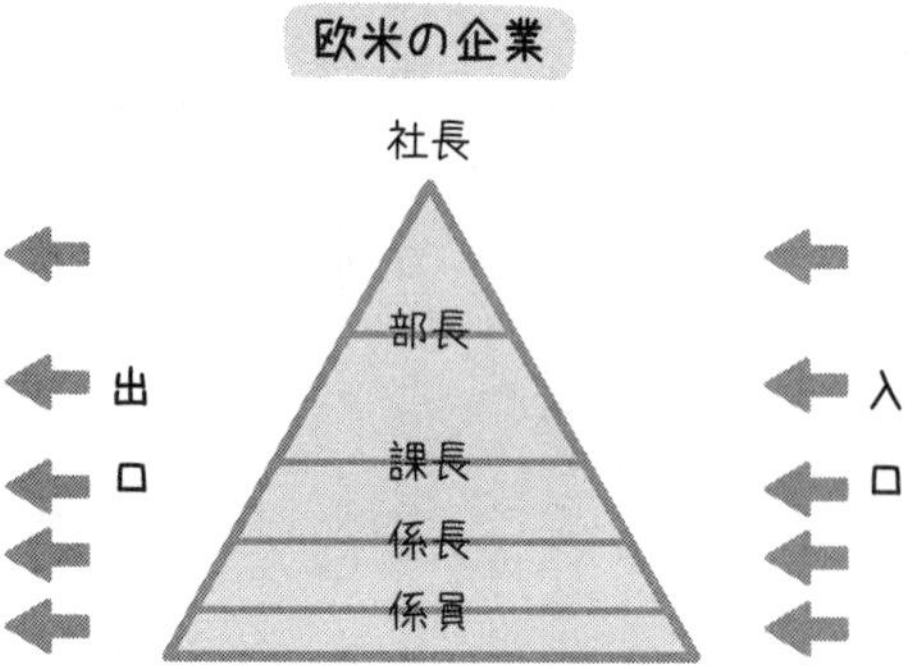

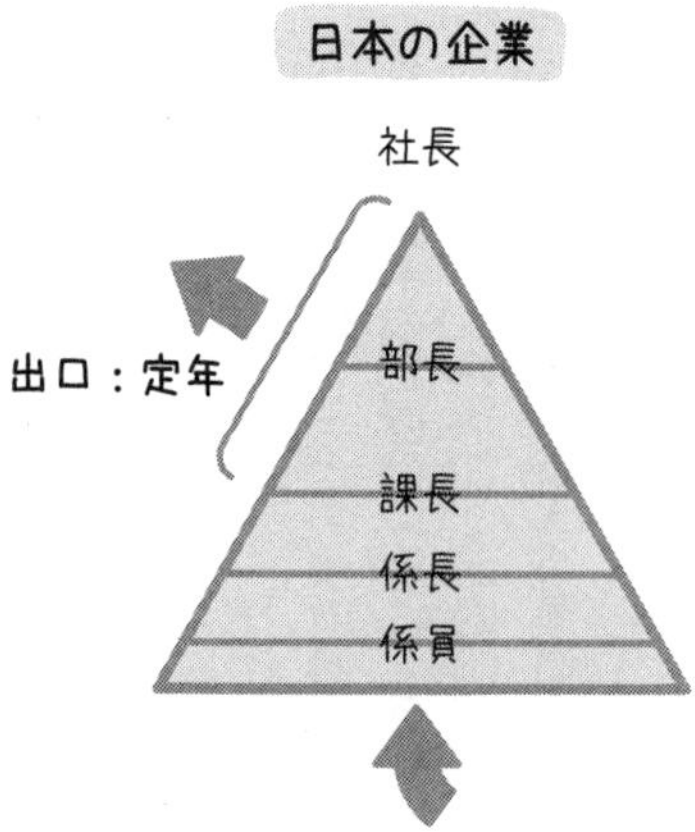

先の職場で現に欠員が生じているのではない限り、その職場から四月一日付で誰かを他の職場に配置換えする必要があるからです。この配置換えされた人は、今度のその配置先で誰かをはじき出すことになり、というふうに、人事異動の連鎖がつながっていきます。そこでこうした定期人事異動のルールが、企業の人事管理の中で明確にされる必要が生じます。日本の企業において定期人事異動が主要な年中行事となっているのは、こういう理由によるものなのですね。

この定期人事異動方式は、欧米諸国の企業のような「入口」を特定しないやり方からみると、大変に面倒かつ無駄なやり方に見えます。なにしろ、これまでの職場になじみ、仕事の面でも相当の習熟度に到達している者を他の職場にわざわざ配置換えし、再びその新しい職場ですべて第一歩からやり直さなければならないのですから。

しかし、大部分の日本人はこれを無駄なやり方だと思っていないのです。田中氏の表現を使えば、以下のようになります。

……大多数の従業員はそうした定期的な職場のローテーションを心待ちにしているのが普通である。そしてそうしたローテーションを通じて、多くの仕事を覚えるとともに、企業という同じ集団に属する多くの人びとに接し、そしてそれによってはじめて昇給、昇進のチャンスが生まれてくるものだと考えているのである。それは、従業員が新規学卒という、職場についての知識・経験をまったく持たないままの状態で企業の中に採用されやがて一人前の職業人となって育って〔いく上で〕……どうしても避けて通ることのできない道程であると、一般的には理解されているのである。……

そして、こうした定期人事異動方式を繰り返して、最後に定年という、これまた、欧米諸国とはまったく違う特定された〝出口〟から従業員は企業の外に一斉に出されていくのである。

ここまで田中氏の著書に沿って、欧米のジョブ型社会に対する日本のメンバーシップ型社会の特殊性について詳しく説明してきました。この「欧米対日本」というよくある対比の仕方には、かなりの問題があるということを付け加えておきたいと思います。

アジア諸国は欧米型

まず私の経験を少し語っておきましょう。私は二〇〇五年から二〇〇八年にかけて、政策研究大学院大学に勤務し、外国（主としてアジア、アフリカ、旧ソ連諸国）からの留学生（主として政府から派遣された社会人学生）に「労働政策」と「人的資源管理」の講義を行っていました。またその前後から旧日本経団連国際協力センター、海外技術者研修協会、海外産業人材育成協会による諸外国（主としてアジア等の発展途上国）の人事労務管理専門家に対する研修の一環としての講義を担当してきています。いずれも、日本の人事労務管理を知らない人々に日本の労働市場の仕組みの本質をいかに伝えるかというのが最大の悩みでした。

もちろん、新卒定期採用制度が最大の特徴だと口を酸っぱくして説明するのですが、こちらの話も終わらぬうちに、さっと手が上がって、「それでどうやって必要な欠員を補充できるのか？」などと次々に質問が押し寄せるのです。「いや、そもそも欠員補充という発想がないので……」と言うと、ますます騒然となって「全く理解できない」という表情に取り囲まれます。まさに田中氏の著書に出てくる欧米の企業の人事担当者と全く同じ発想です。

田中氏の著書でもそうですが、私の著書でも、日本に対比するのは欧米というこれまでの常識に安住して、ついつい「日本では……、欧米では……」という言い方をしすぎています。田中氏の場合はその時代背景（調査研究したのが一九七〇年代で、著書の刊行が一九八〇年）を考えればやむを得ない面もないわけではありませんが、いつまでもそういう発想では問題があるということです。文化面など他の分野では、日本を含むアジア対欧米という対比の発想が濃厚に残っているところもあり、そういう東西対比的発想が労働問題に無意識的に混入すると、アジア諸国は日本に近いからメンバーシップ型だという根拠のない思い込みがいつのまにか広まってしまう可能性もあります。決してそうではないということを、きちんと認識しておく必要があると思います。

ちなみに、私は著書『日本の雇用と労働法』（日経文庫）においては、「欧米など日本以外の先進産業社会（以下「欧米社会」と略しますが、中国など他のアジア諸国も基本的にはこちらに属します）」と断り書きを入れておきました。

3 日本の法律制度はジョブ型社会が原則

働く人は「社員」ではない

先に、「後ほど日本の法律について説明するところで、もう一度どんでん返しをしますが」と述べたことを覚えているでしょうか。日本では会社というのは「社員」という「人」の集まりだが、欧米では、会社のメンバーと呼べるのは株主だという話でしたね。日本語の「社員」を文字どおりに直訳すればメンバー・オブ・カンパニーですが、これは英語では「株主」という意味になってしまうということでした。株式会社というのは株主が集まって作られた団体なので、当然その「メンバー」というのは株主ということになるわけです。

ところが、ここでどんでん返しをしますと、その点でいえば実は日本も全く同じなのです。**日本国の法律で、「社員」という言葉が使われている箇所をすべて抜き出したら、それらはすべて出資者という意味の言葉**なのです。エンプロイーという意味で「社員」という言葉を使っている法律は一つもありません。多くの読者の常識からすると、こちらの方がずっとびっくりする話かもしれませんね。

現在の日本の会社法という法律には、株式会社と並んで持分会社というのが規定されています。合名会社、合資会社、合同会社といった小規模な会社のための制度ですが、そこでは「社員」という言葉が、会社を設立するために出資する人という意味で使われています。この持分会社における「社員」に当たるのが、株式会社における「株主」です。会社法のどこを読んでも、会社のメンバーは出資した人、つまり持分会社の「社員」であり、株式会社の「株主」です。それ以外にはありません。

ちなみに、会社法には「第三章　会社の使用人等」という章があり、支配人について規定が置かれています。現行会社法ができる前には、商法に会社についての規定が置かれていましたが、そのときには会社の使用人として、支配人のほか、番頭や手代といったえらく古めかしい表現で、一般従業員についても規定されていました。ただし、ここが重要ですが、支配人にしろ、番頭や手代にしろ、**会社に雇用される「使用人《エンプロイー》」であって、いかなる意味でも「社員」ではありません**。社員というのはあくまでも出資者のことなのです。

実は、こういう話は、世間一般では意外に受け取られますが、法学部で民法や商法といった授業を受ける学生が、最初に釘を刺されることでもあります。例えば、東京大学で民法を教えていた星野英一氏の『民法概論　Ⅰ』（良書普及会）には、「日常、会社の『社員』だ、などというが、私法上の『社員』ではなく、民法上は『労務者』にすぎない」と書かれていますし、講義でも実際にそう語られていました。

日本の民法では、「雇用」というのは債権契約の一種として規定されています。債権契約というのは、売買契約や賃貸借契約のように、売り主と買い主、貸し手と借り手が同じ団体の一員ではなく、全く別の主体としてその権利と義務とがお互いに反対の方向を向いている契約です。債権契約の中に労務供給契約という類型があり、請負や委任と並んで雇用という契約が定められています。

請負は特定の仕事を完成することが目的であり、委任は統一した事務を遂行するのが目的であるのに対して、雇用は労働それ自体を利用することが目的なのですが、重要なのはどの契約類型であっても、一方が労務を供給し、他方がそれに対する報酬を支払うという点で、何の変わりもありません。雇用労働者も請負人も受任者も、使用者や注文者や委任者と同じ団体のメンバーとして働くのではなく、それぞれとの取引関係に基づいて働くということが、最大の共通点です。つまり、雇用契約は法律上においてはメンバーシップ契約ではないのです。

日本の現実はメンバーシップ型で動いているけれども、日本の法律は欧米と同様のジョブ型社会を前提に作られている。この事実を、ここで頭に入れておいてください。

脇道：例外的な働く「社員」

ここでちょっと脇道にそれますが、日本の法律には、ある団体のメンバーとして働くという仕組みは本当にないのか、という疑問がわくかもしれません。「働く」という言葉を、雇用されて働くという意味に限定しないのであれば、そういう「社員」は存在します。

合名会社や合資会社の無限責任社員には労務出資というのが認められているのです。労務出資、つまり働くことが出資だということですね。ただし、有限責任社員には金銭出資しか認められず、労務出資というのはできません。株式会社の株主というのは、みんな有限責任社員ですから、当然労務出資の株主というのは存在しないわけです（もっと脇道にそれると、フランスには「労働株」という制度があります。もっともほとんど使われていないようです）。

「社員」という言葉ではありませんが、同じ仕組みが民法上の組合の「組合員」にもいえます。民法上の組合というのは、労働組合とは何の関係もありませんよ。会社にまで至らないような小規模な事業を何人かの人々が一緒にやろうとするときに使われる法律上の仕組みです。共同の事業のために出資した人のことを「組合員」と呼びますが、民法ではははっきりと、「出資は、労務をその目的とすることができる」と定めています。労務出資組合員というのは、まさに、雇われて働くのではないメンバーシップに基づく働き方といえましょう。

もう一つ似たような制度として、企業組合というのがあります。企業「別」組合ではありませんよ。企業「の」組合でもありません。企業「である」組合というふうな意味でしょうか。組合員の三分の二以上が組合の事業に従事しなければならず、組合の事業に従事する者の二分の一以上が組合員でなければならないという縛りがかけられていて、できるだけ出資者である組合員と実際に働く人を一致させようとしているわけです。そして、現在、協同労働の協同組合という名前で、出資者＝経営者＝働く人という仕組みを法律にしようという運動が進められています。世間ではワーカーズ・コープといった名前で知られています。

そろそろ脇道から元の話に戻りますが、そういう働き方は世間でいう雇われて働く「社員」とは全く違います。法律制度の中にはごくごく周辺的に団体のメンバーとして働くという仕組みを用意しているとはいえ、圧倒的に大部分の会社などで雇用されて働く人々は、法律上はいかなる意味でも「社員」ではないということを、もう一度しっかりと頭に入れておいてください。

労働法もジョブ型で作られている

さて、こういう話をすると、それは民法や商法といった、近代市民法の世界の話であって、現代的な社会法、とりわけ労働法というのは、近代市民法の原理を修正したものなのじゃないのか、そういうふうに教わったぞ、と疑問を持つ方もいるかもしれません。確かに、労働法のどの教科書でも、冒頭のところで、そのように書かれています。でも、よく読んでください。そこに書かれているのは、大体次の二つのことのはずです。

一つは、低賃金や長時間労働といった劣悪な労働条件を是正するために、労働条件の最低基準を定めて、罰則や行政の監督によってそれを遵守させようとするものです。一九世紀のイギリスの工場法から始まり、日本でも戦後、労働基準法が作られて、さまざまな規制を行っています。でも、それらはすべて、労働者が会社の「社員」などではなく、雇用契約に基づいて働く人であるということを大前提にしています。

もし、法律で「社員」と呼ばれるような人々、例えば合名会社の無限責任社員が、自分の労働条件は労働基準法に違反しているから、ちゃんと監督して是正してほしいと、労働基準監督署に申告してきたとしても、「社員」である限り労働基準法が適用される労働者ではあり得ないのですから、相手にしてはもらえないはずです（厳密に言えば、契約の形式が合名会社の無限責任社員であったとしても、就労の実態が雇われて働いているのと全く変わらないという場合には、「社員」なんかじゃなくて労働者だという判断がなされる可能性はありますが、その場合でも、「社員」である限り労働者ではないことには変わりがありません）。

もう一つは、労働者一人一人と企業のような強大な力を持つ使用者とでは取引関係が著しく不均衡になるので、労働者の団結（労働組合を結成すること）を認め、労働者の集団と使用者（の集団）の間で集団的な取引を行わせようというものです。この集団的な取引《コレクティブ・バーゲニング》のことを、日本では「**団体交渉**」と呼びます。

これも一九世紀のイギリスから始まって、日本でも戦後、労働組合法が作られて、そういう仕組みが確立しました。ここでも重要なことは、「団体交渉」というのは、同じ会社という団体のともにメンバーである使用者側と労働組合側とが、その団体の内部で交渉するという意味では全くないということです。もしそういうふうに勘違いしている人がいたら、考えを改めてくださいね。

この「団体」というのは、主として労働組合という労働者の集団のことを、場合によっては使用者団体という使用者の集団のことを指しており、個別の労働者（や使用者）ではなく集団としての労働者（や使用者）が取引の主体になるという意味なのです。ということは、別の面から見れば、労働組合というのは企業と取引関係にある雇用労働者のカルテル（事業者間で価格や数量を協定すること）ということもできます。

実際、アメリカの独占禁止法では、労働組合が適用除外と明記されています。つまり、形式的にはカルテル行為に該当するけれども、労働組合の場合は特別に認めるよ、ということです。**労働者は労働組合のメンバーですが**（だから「組合員」というわけですが）、**いかなる意味でも会社のメンバーではないということが、労働組合法の思想の根幹にある**ということがわかるでしょう。

職業紹介は「職業」を紹介することになっている

以上二つに比べるとやや小さな領域ですが、労働者の失業問題に対処するために、職業紹介や職業訓練、失業保険といった労働市場に関わる法律群があり、これらに基づいてハローワークや職業訓練校などが設けられています。

これらの法律が前提としている労働者や失業者は、当然のことながら会社のメンバーになろうというのではなく、上でみてきたようなジョブに基づいて働こうとしている人々です。

そう、はっきりと、欧米のようなジョブ型社会を前提にした規定になっているのです。例えば、職業安定法では「公共職業安定所及び職業紹介事業者は、求職者に対しては、その能力に適合する職業を紹介し、求人者に対しては、その雇用条件に適合する求職者を紹介するように努めなければならない」(適格紹介の原則、第五条の七)と定めています。

あまりにも当たり前に聞こえるかもしれませんが、**職業紹介というのは「職業」を紹介することです。「会社」を紹介するのではない**のです。

田中氏の説明を思い出してください。欧米の社会では、「仕事」が厳密に、明確に決められていると同時に、それにはりつけられる「人」についても、「仕事」によってその「人」が区別できるようになっていなければなりません。私は○○という「仕事」ができます、というレッテルをすべての労働者がぶら下げており、そのレッテルによって労働市場に自分を登録し、会社などに対して売り込みを行うということでしたね。これを田中氏は「『職業』というものが社会的に確立してい」ると表現しました。そう、日本の職業安定法も、まさにそういう意味での「職業」が社会的に確立していることを前提として作られているのです。

もう少し正確に言うと、最初から欧米のように「職業」が確立しているわけではないので、何とかそれを確立させるための仕組みを作ろうという規定が職業安定法に存在します。「職業安定主管局長は、職業に関する調査研究の成果等に基づき、職業紹介事業、労働者の募集及び労働者供給事業に共通して使用されるべき標準職業名を定め、職業解説及び職業分類表を作成し、並びにそれらの普及に努めなければならない」(第一五条)のです。

実際、日本の労働省は戦後ずっと、そういうまさにジョブ型の政策をやってきています。一九四八年からアメリカ労働省方式に基づいて職務分析を開始し、その成果を職務解説書として職種ごとにとりまとめていき、それが一七三冊に及んで、『職業辞典』が作成されました。

なぜ国が職務分析をしなければならないのか、メンバーシップ型の社会ではもはや理解できないかもしれません。それは、前記**職業安定法の「適格紹介の原則」が、何よりもまず職種単位でのその職業能力に着目した求人と求職者との結合の「適格」さを念頭に置いたものであるから**です。だからこそ、職業紹介を行う職員に必要なのは、それが職種と職業能力という観点から見て「適格」であるか否かを適切に判断しうるだけの当該職務に関する知識ということになります。

逆に言えば、「職業」が確立しておらず、それこそ「人間性」などというようなあいまいな基準で採用するかしないかを決める社会では、職業安定法が明文で政府にやれと命じている職務分析も、何のためにそんな意味のないことをやらなければならないのかわからなくなってしまうのも無理からぬものがあります。

4 「入社」型社会はどのように作られた？

「メンバーシップ型」という言葉の出所

　ところで、私が「ジョブ型」に対する「メンバーシップ型」という言葉を作り出す際に念頭にあったのは、アメリカの労働研究者アンドルー・ゴードン氏の『日本労使関係史　1853－2010』（岩波書店）です。その帯に「日本型雇用システムの形成と変容を描く」とあるように、幕末から現代に至るまでの日本の職場の労使関係の動きをていねいに追いかけて分析した畢生の名著です。邦訳書は二〇一二年に刊行されたものですが、原著は一九八五年にハーバード大学から出版されており、日本の労働問題研究者にとっては必読文献といわれてきました。

　この本でキーワードとして用いられている言葉が、実は「**メンバーシップ**」なんですね。もともと企業の一員などではなかった労働者たちが、度重なる闘争によって必死に勝ち取ってきたのは、何よりもまず彼らを企業の正規《フル》メンバーとして扱え！　という要求であった、という基本テーマが、一世紀半にわたる歴史叙述の中からくっきりと浮かび上がってくる本です。

「就社」より「入社」

そして、そういう社会の在り方がいかに形成されてきたのかを、新卒採用制度の展開を詳細に分析しながら見事に描き出したのが、菅山真次氏の『「就社」社会の誕生』（名古屋大学出版会）です。このすぐ後の叙述で、この本をかなり使わせていただくことになりますが、ここではそのタイトルについて一言だけコメントしておきます。

菅山氏は序章の冒頭で、賃金センサス（賃金構造基本統計調査）で用いられる「標準労働者」という言葉が、「学校卒業後直ちに企業に就職し、同一企業に継続勤務している労働者」を指していることが、「私たちの社会がどのような職業キャリアをもって『標準』とみなしているか、そうした社会の『常識』を鮮やかに映し出す鏡となっている」と述べた上で、こう語ります。「そのような『常識』からすれば、就職とは、学校を卒業するまさにその時点においてある特定の会社に『就く』ことをきめる、一回限りの選択に他ならない。現代日本社会は、こうしたものの見方が一般化しているという意味で、『就社』社会と呼ばれるにふさわしいのである」。

ここで菅山氏が指摘しているのは、まさにメンバーシップ型の労働社会のありようのことですが、タイトルにも使われている「就社」という言葉には、若干の違和感を感じます。

もちろん、既にマスコミその他で、「今の日本で行われているのは『就職』じゃなくって、『就社』だ」というたぐいの論評が山のようにあるので、その流行語をそのまま使っただけなのだと思うのですが、会社に「就く」って、どういう意味なのでしょうか。職業には就くことができますが、会社に「就く」ことはできるんでしょうか。おそらく漢語としては意味をなさないのではないかと思います。実際、広辞苑をはじめとする大きな国語辞典を見ても、「就社」という言葉は採録されていないようです。

でも、それに当たる言葉は、日常用語の中でもっとずっと頻繁に使われています。新卒学生が「就職」した時、「入社おめでとう」って言いませんか。そう、現代日本語では、会社は「入る」ものです。**「会社に入る」というのは、すなわち会社のメンバー、「社員」になったということ**ですね。就職問題という文脈で現状を批判的に論評するときだけに使われる「就社」よりも、この「入社」という言葉の方が、現実の感覚により近い表現なのではないかと思われます。ですから、本節のタイトルは「『入社』型社会はどのように作られた?」ですし、本章のタイトルも「『就職』型社会と『入社』型社会」としました。

さて、以下、そういう「入社」型社会がどのようにして形成されてきたかについて、菅山氏の著書なども参考にしながら簡単にまとめておきます。この部分は、拙著『日本の雇用と労働法』の中の「新規学卒者定期採用制の確立」という節で書いたこととほぼ同じですが、若干書き加えたところもあります。

確立以前

明治期の日本では、労働者の募集・採用は、工場にとって必要な労働力をそのつど雇い入れるというもので、親方が縁故を通じて労働者を募集し、ごく簡単な雇用契約書を企業と労働者の間で交わし、数日の試用期間で技能を見て正式に採用する仕組みでした。職工や徒弟を解雇するのも親方の権限でした。

日露戦争前後からそれまでの間接管理体制を直接管理体制に変える動きが出てきます。親方に代わって現場を統括する職長には募集・採用の権限はなく、企業による縁故募集が主流になりました。しかしまだ定期採用制はとられていませんでしたから、募集・採用の対象は職工経験者が大部分でした。徒弟も見習工という形で企業によって直接募集・採用され、職工の傍らに立って技術を見習うようになりました。しかしまだ、見習職工の採用年齢も採用時期もまちまちで、尋常小学校卒業時の一二歳から二〇代半ばまで広く募集していました。

新卒定期採用制の形成

第一次世界大戦後の大規模な労働争議を経て、日本の大企業は渡り職工たちを切り捨て、企業内で養成した子飼いの養成工を中心とする労務管理制度を形成することになります。この時期に、それまでまちまちだった養成工の採用年齢や採用時期が統一されてきます。多くの場合、高等小学校を卒業した年の四月に一四歳程度で採用するという仕組みがとられました。

他の企業に雇われていた労働者は雇い入れず、**学校を卒業したばかりのまっさらな若者に、企業負担で教育訓練を施し、彼らを企業内で職長などにまで昇進させていくという仕組みの出発点**です。

彼ら養成工が職工の中のエリートだとすると、ノンエリートの一般職工は原則として期間を定めた臨時工としてそのつど必要に応じて採用され、一定期間勤務すればその一部が本工に登用されることもあるという仕組みができました。臨時工は景気変動に対応して雇止めすることによって、本工たちの雇用のバッファー（緩衝装置）としての機能を果たすようになったのです。

さて、大企業分野で子飼いの養成工制度が始まったといっても、圧倒的大部分の若者は小学校卒業とともに外部労働市場に投げ出されました。年少ゆえに目前の賃金の高い日雇や雑役といった不安定な職業に就き、やがて転職し、失業者となる場合が多かったようです。このため、第一次世界大戦後の不況期から少年職業指導が始められています。大阪市、東京市から始まり、一九二五年には内務省社会局と文部省から、小学校と職業紹介所が連携して就職の援助に努めるよう求める通牒《つうちょう》が出され、これに基づいて、各地で就職希望児童の相談、父兄懇談会、長期休暇を利用した現場の実地見学や実地見習いなどが行われました。

とはいえ、この時期の中小企業はまだ大企業のような子飼いの養成制度を確立していません。むしろ頻繁な移動を繰り返すことで技能を高めるという渡り職工的世界が濃厚に残っていました。徒弟として年季採用された者も、企業内訓練を受けるわけではなく、低賃金の若年労働者に過ぎなかったようです。

戦時体制下の採用統制

一九三八年の国家総動員法制定以後、軍需産業への労働力確保を最優先に、さまざまな勤労動員政策が展開されていきます。これは日本の雇用管理制度、とりわけ中堅・中小企業の募集・採用慣行に大きな影響を与えました。

まず同年に学校卒業者使用制限令が制定され、大学から専門学校、実業学校まで工業系の学校の新規卒業者の採用を厚生大臣の許可制にしました。さらに四〇年の青少年雇入制限令は、一〇代から二〇代の青少年一般の採用を厳しく制限しました。一方、三九年には従業者雇入制限令、四〇年には従業者移動防止令、四一年には国民労務手帳法、労務調整令というように、次々と採用規制が強化されました。労務調整令で特に重要なのは、国民学校（小学校）の新規修了者は国民職業指導所の紹介によらなければ採用も就職もできないとしたことです。

新規中卒者の定期採用制度

戦後、新卒者については、戦前の少年職業指導、戦時期の労務調整令を引き継ぐ形で、新卒者の紹介は原則として公共職業安定所（職安）が中心となって行う仕組みが成立しました。学校が無料職業紹介を行う場合も職安の許可が必要となったのです。もっとも、高卒者以上については一九四九年に届出制となりました。多くを占めた中卒者については職安の業務に学校が協力するという形です。

この時期に中卒者について職安と中学校が協力して構築した仕組みが、在学中から徹底したスケジュール管理を行い、一人一社主義の原則に基づき、卒業前の段階で内定を取り付け、三月三一日の卒業を待って、四月一日付で就職するというシステムです。

これは企業と生徒双方にとって、確実な採用と就職を約束するメカニズムですが、同時にその採用と就職の自由を制約するものでもあります。これにより、中小零細企業に至るまで、新卒者を採用しようとするならば在学中から求人を出し、四月一日付で定期採用するという仕組みが浸透するに至りました。**学校から企業への「間断のない移動」のシステムが、構築された**のです。もっとも、圧倒的に多くの新規中卒者は中小零細企業に就職していきました。

これに対して、大企業の採用管理の仕組みは戦前とあまり変わっていません。大企業は優秀な新規中卒者を少人数採用し、企業内養成施設で通常三年間、学科教育と職場実習の組み合わせによる教育訓練を施し、彼らが基幹工として工場を支えていくという仕組みです。一方、中小零細企業に就職した中卒者たちのかなりの部分は、労働条件の劣悪さから離職する者が多く、結果的に多数が大企業の臨時工として吸収されていったようです。

メンバーシップに基づく本工の内部労働市場とジョブに基づく臨時工の外部労働市場という二重構造が再び出現したわけです。彼ら臨時工が大規模に本工に登用されるのは、高度経済成長が始まり、急速に労働力不足になってからです。

新規高卒採用制度の確立と変容

さて、戦後も戦前に引き続き、ホワイトカラー職員については大学や高校の卒業者を学校の紹介により卒業時に採用するという学歴別採用システムが維持されていました。しかしなから、一九六〇年代に高校進学率が急上昇し、新規中卒者が激減するとともに、新規高卒者が激増するという事態を迎えて、企業の採用管理システムは大きな変化を余儀なくされます。

高卒者の紹介は高校自身が行い、職安はほとんど関与しません。高校はその教職員の中から紹介担当者を定め、企業に生徒を売り込みます。この**学校と企業が直結した「学校経由の就職」が、ブルーカラー層にまで拡大**することになったのです。

新規高卒採用制度の特徴は、高校と企業との継続的な取引関係の中で、企業はよい労働力を安定的に確保でき、高校はよい就職先を安定的に確保できるという相互にメリットのある「実績関係」の上に成り立っていることです。この関係を維持するために、高校生の就職では、学校の推薦で一社のみ応募する一人一社制が守られました。

ところが**一九九〇年代から**このメカニズムがうまく機能しなくなりました。景気後退に加えて**大卒者の増加により新規高卒者への求人が激減**したのです。その中でも工業高校など専門高校にはまだ前記のような伝統的モデルが残っていますが、普通科高校の非進学者などは自由市場に投げ出されてしまい、その結果かなりの高卒者が非正規労働力に呑み込まれていきました。

彼らこそいわゆる就職氷河期世代、ロストジェネレーションといわれる人々の中心です。

なお、二〇〇〇年代に入ってから一人一社制の見直しが進められ、一定期日以降の複数応募が可能になっています。

大卒者の増大と学卒労働市場の変容

一方、一九七〇年代以降は急速に大学進学率が上昇していき、かつて高卒者が就いていた下級ホワイトカラー層だけでなく、ブルーカラー的職業にも大卒者が進出していきました。大卒者については、教授による紹介や、先輩—後輩関係といったインフォーマルな採用システムはあるものの、基本的には自由市場におけるマッチングが行われます。しかし、それは欧米のようなジョブに基づく求人求職の結合ではなく、全く逆に企業へのメンバーシップを付与するかどうかの選抜という形で構築されたのです。

かつての中卒者のように職安が介在しているわけでもなく、高卒者のように高校が介在しているわけでもないのに、企業は学生の採用基準を具体的なジョブに対応する職業能力ではなく、大卒者としての一般的能力に求めました。新規高卒採用制度とともに確立した単一職能資格制度の下においては、もはや大学で具体的に何を学んだかは大して意味を持たず、**大学の銘柄に示される大学入試時の学業成績こそが、入社後の教育訓練に耐えうる「能力」を指し示すものとして主たる関心の対象となった**のです。

ところが一九九〇年代以降、経済の停滞の中で正社員雇用が縮小し、その影響で新規学卒者の採用枠が急激に収縮しました。一方で文科系学部を中心として大学定員の拡大は続いたため、大学を卒業しても正社員になれない若者たちが「フリーター」として大量にあふれ出したのです。

5 法律と現実の隙間を埋めるルール作り

現実に合わせるために

前に述べたように、日本の労働に関する法律は欧米諸国と共通のジョブ型の原則で作られています。しかし、現実の労働社会はそれとは全く異なるメンバーシップ型の原理で構築されています。

そのままでは両者の隙間が大きすぎて、法律を適用しようとすると現実に合わないという悲鳴があちこちで上がってしまいます。

これは「入社」という入口だけの問題ではなく、会社に入ってからの人事異動にしても、労働条件にしても、解雇や定年退職といった会社からの出口にしても、すべてに関わってくる問題なのです。

そこで日本の裁判所は、さまざまな事件に対する判決を積み上げる中で、解雇権濫用法理や広範な人事権法理など、**判例法理といわれるルールを確立**してきました。それは、ジョブ型雇用契約の原則に基づく法体系の中で、現実社会を支配しているメンバーシップ型雇用契約の原則を生かすために、信義則や権利濫用法理といった法の一般原則を駆使することによって作られてきた**「司法による事実上の立法」**であったといえます。

そして、これら判例法理が積み重なり、確立するにつれ、日本の労働社会を規律する原則は、六法全書に書かれたジョブ型雇用契約の原則ではなく、個々の判決文に書かれたメンバーシップ型雇用契約の原則となっていったのです。

以下では、そのうち入口に関わる判例法理を紹介しておきます。本来、法律上はジョブ型原則に基づいて、明確にその内容が定められた「仕事」に対して、それにふさわしい「その仕事ができる人というレッテルをぶら下げた」人を当てはめることであるはずの「採用」が、メンバーシップ型原則に基づいて、その会社のどんな仕事をするかわからない、どんな仕事もする可能性のある「人」を、会社の一員として迎え入れることになってしまっている以上、その現実に合わせて法律の原則の考え方を修正してきた姿です。

法律と現実の隙間

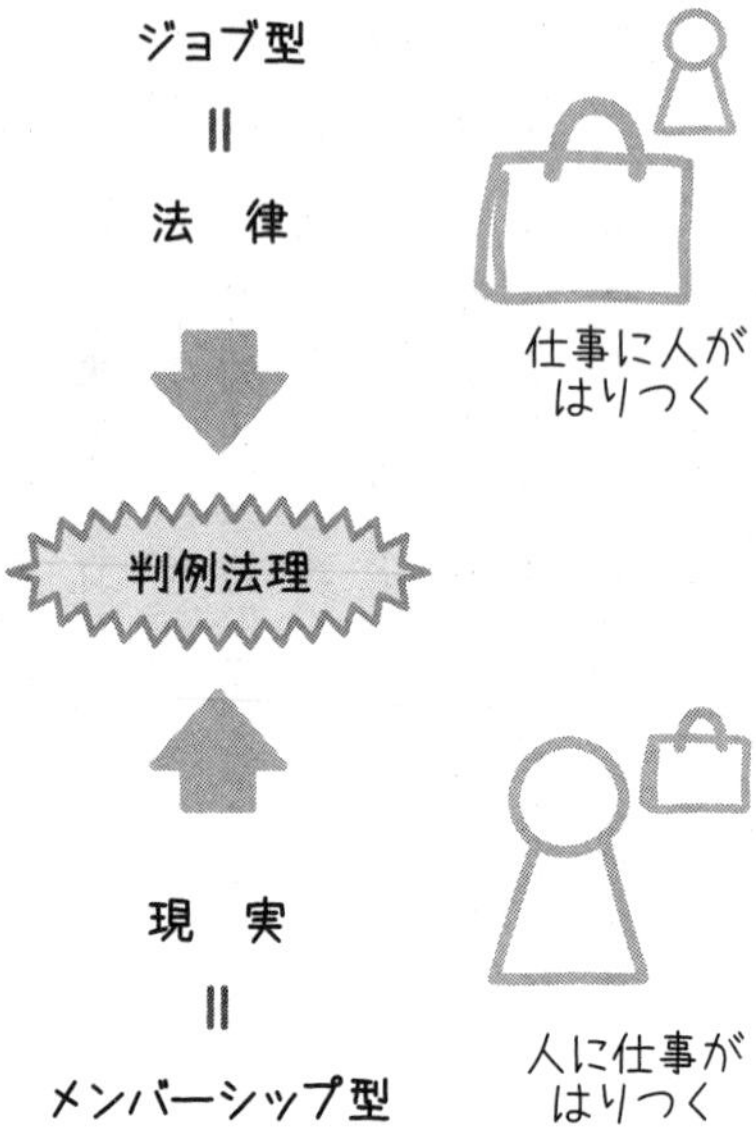

ジョブ型
||
法　律
仕事に人が
はりつく
判例法理
現　実
||
メンバーシップ型
人に仕事が
はりつく

「入社」を拒否することは違法でない

市場経済においては、使用者と労働者双方とも誰と雇用契約を締結するかについて原則的に自由であることは当然です。これは日本以外の社会でも共通の原則です。しかしながら他の先進諸国では、原則として採用の自由を認めながらも、人種、性別といった属性による差別を禁止するという社会的観点から、使用者側の採用の自由に対して一定の制限を加えてきました。

これに対し、戦後確立してきた日本型判例法理においては、他の先進諸国に比べても著しく使用者の採用の自由を広範に認めている点に特色があります。それは、使用者による雇用終了の自由を厳しく規制する判例法理と一見対照的に見えますが、むしろ両者は日本型雇用システムを支える法的枠組みとして同じ性格を有していると見た方がよいでしょう。

ジョブ型労働社会を前提とすれば、労働者の採用とは企業の中のある特定のジョブに対してそれにふさわしい労働者を当てはめることを意味します。労働者がそのジョブにふさわしいか否かの判断については使用者の判断を優先させるとしても、ジョブへの適合性が高いにもかかわらず、あえてその労働者の属性への差別感情から採用を拒むことに対しては、公共政策として禁止するという法政策をとっているのが一般的です。

実は、日本の戦後立法もそのような世界共通の発想に基づいて作られています。一九四七年の労働基準法は、第三条で「使用者は、労働者の国籍、信条又は社会的身分を理由として、賃金、労働時間その他の労働条件について、差別的取扱をしてはならない」と規定していますし、同年の職業安定法は、第三条でさらに詳細に「何人も、人種、国籍、信条、性別、社会的身分、門地、従前の職業、労働組合の組合員であること等を理由として、職業紹介、職業指導等について、差別的取扱を受けることがない」と規定しています。

しかしながら、日本の最高裁判所は一九七三年の三菱樹脂事件判決において、信条を理由として雇入れを拒否することを違法でもなければ公序良俗違反でもないと容認しました。これは、学生運動に従事していたことを隠して採用された労働者が試用期間満了時に本採用を拒否された事案ですが、日本における広範な採用の自由を認めた先例であり、その後の裁判はすべてこの枠組みの中にあります。最高裁は次のような理屈で信条による採用差別を正当化しています。

「企業者において、その雇傭《こよう》する労働者が当該企業の中でその円滑な運営の妨げとなるような行動、態度に出るおそれのある者でないかどうかに大きな関心を抱き、思想等の調査を行うことは、企業における雇傭関係が、単なる物理的労働力の提供の関係を超えて、一種の継続的な人間関係として相互信頼を要請するところが少なくなく、我が国におけるようないわゆる終身雇傭制が行われている社会では一層そうであることにかんがみるときは、企業活動としての合理性を欠くものということはできない」

ここに表れているのは、特定のジョブにかかる労務提供と報酬支払いの債権契約ではあり得ないような、メンバーシップ型労働社会における**「採用」の位置づけ**です。それは、**新規採用から定年退職までの数十年間同じ会社のメンバーとして過ごす「仲間」を選抜すること**であり、その観点から労働者の職業能力とは直接関係のない属性によって差別することは当然視されるわけです。

内定者は労働者である

日本の労働法制を外国人に説明する際に苦労する点は多いのですが、とりわけ「採用内定」の法的性質はその筆頭でしょう。

現在の最高裁の判例法理では、**採用内定はそれ自体が労働契約の締結であり、内定者は労働者である**ということになっているのです。労務の提供義務も報酬の支払い義務もない（何か月先から就労するという約束だけの）関係が雇用関係であるという法理はどうして生み出されたのでしょうか。

もともと日本の労働法学では、内定から正式の採用（辞令の交付）までの一連の手続き全体が契約締結過程であるという説と、内定は労働契約締結の予約であるという説が有力でした。ところが日本の最高裁は一九七九年の大日本印刷事件判決においてそれを超えて、内定は労働契約であるという判決を下したのです。その背景事情を見てみましょう。

この事件の原告は大学生ですが、その採用過程は前述した新規高卒採用制度とほぼ同じでした。具体的には、大日本印刷が滋賀大学に入社希望者の推薦を依頼し、同大学経済学部生だった原告が大学の推薦で試験と検査を受け、卒業前年の七月に文書で採用内定の通知を受け、誓約書を提出しています。当時の滋賀大学は就職について大学が推薦するときは二社に制限し、いずれか一方に内定した時は直ちに他方の推薦を取り消し、学生にも内定した企業に就職するよう指導を徹底する「二社制限、先決優先主義」をとっており、原告もそうしています。ところが卒業間近の二月に突如、理由も示さず内定取消通知がなされ、他企業への就職も事実上不可能なまま卒業に至ったのです。

このような採用制度を前提として、最高裁は「我が国の雇用事情に照らすとき、大学新規卒業予定者で、いったん特定企業との間に採用内定の関係に入った者は、このように解約権留保付であるとはいえ、卒業後の就労を期して、他企業への就職の機会と可能性を放棄するのが通例であるから、就労の有無という違いはあるが、採用内定者の地位は、一定の試用期間を付して雇用関係に入った者の試用期間中の地位と基本的に異なるところはない」と判示しました。

この「我が国の雇用事情」とは、原審の言い方では「終身雇用制度の下における我が国の労働契約特に大学新卒業者と大企業とのそれにみられる公知の強い附合（附従）契約性」です。

内定時に労働契約が成立したとすると、ジョブ型契約を前提とする労働基準法の「使用者は、労働契約の締結に際し、労働者に対して賃金、労働時間その他の労働条件を明示しなければならない……」（第一五条第一項）という規定と矛盾する可能性が出てきます。しかし、実際の初任給が求人票と異なっていた一九八三年の八州事件判決（東京高等裁判所）では、「新規学卒者の求人、採用が入社（入職）の数か月も前からいち早く行われ、また例年四月頃には賃金改訂が一斉に行われる我が国の労働事情の下では、求人票に入社時の賃金を確定的なものとして記載することを要求するのは無理が多く、かえって実情に即しない」として、「契約成立時に賃金を含む労働条件がすべて確定していることを要しない」と判示しました。裁判所は、現実の雇用契約が地位設定契約に過ぎないという実態に即した判断をしているわけです。

さて、内定者と同じとされた試用期間中の地位について、前記最高裁の三菱樹脂事件判決は「いったん特定企業との間に一定の試用期間を付した雇傭関係に入った者は、本採用、すなわち当該企業との雇傭関係の継続についての期待の下に、他企業への就職の機会と可能性を放棄したものであることに思いを致すときは、前記留保解約権の行使は、解約権留保の趣旨、目的に照らして、客観的に合理的な理由が存し社会通念上相当として是認されうる場合においてのみ許される」と、その解雇に極めて厳しい縛りをかけています。

いったん付与したメンバーシップの剝奪《はくだつ》に対しては大変慎重な姿勢で臨んでいるわけです。その判決が、前記のように職業能力と直接関係がない信条による差別（本採用拒否）は容認しているのですから、このメンバーシップの性格がよくわかります。

6 周辺化されたジョブ型「就職」

ハローワークは誰のためのもの?

さて、以上のようなメンバーシップ型の仕組みが日本社会に確立してくればくるほど、法律が本来予定していたジョブ型の仕組みは社会の周辺部に追いやられていくことになります。そのもっとも典型的な例が、職業安定法が本来その中核に据えていたはずの公共職業安定所、愛称ハローワークです。

賃金センサスで、「標準労働者」を「学校卒業後直ちに企業に就職し、同一企業に継続勤務している労働者」と定義しているということは、そのまま定年退職するまで継続勤務すれば、その人はハローワークを直接利用する機会はないことになります。少なくともその職業紹介機能を使うことはないはずです。実際、現代日本社会では、大企業の正社員のような安定した仕事に就いている人であればあるほど、一生のうちハローワークのお世話になる経験が少なくなると思われます。

新規学卒採用制の展開のところでお話ししたように、終戦直後から高度成長期半ばまでの中卒就職者が多かった時代には、彼らの就職を担当するのは職安でした。もっとも、中卒者に「私は○○という『仕事』ができます」というレッテルがぶら下がっているはずもありませんから、彼らの就職は職業安定法の本来予定する適格紹介の原則とはいささか異なるものにならざるを得ませんでした。

一九五〇年代に労働省職業安定局の協賛で刊行されていた『職業研究』という雑誌を見ると、毎号のように職業解説やとりわけ適性検査に関する記事が載っているのが目につきます。「できる仕事」というレッテルがまだはられていない中学生に、疑似的に「ふさわしい仕事」というレッテルをはって、中卒用の求人と結びつけていくためのさまざまな仕組みが工夫されていたわけです。

ところが、高度成長期以降中卒就職者は激減し、多数を占める高卒就職はほとんどもっぱら学校自身の手によって行われるようになりました。細かくいうと、労働省は一九六〇年代半ば頃、高卒就職に対しても中卒就職と同様に職安の権限を強めようと職業安定法の改正も考えていたようですが、高校側は譲りませんでした。結果として、日本型高卒就職システムの特徴とされるいわゆる「実績関係」、つまり高校と企業の間の密接なつながりに基づく「間断のない移動」が確立していったのです。

さらに、今では同世代人口の過半数が大卒者として就職するようになっています。中卒者や高卒者と異なり、就職時には既に成人に達していることからも、彼らの就職は国や学校によるパターナリズム的な保護下にはなく、基本的に個人ベースで求人と求職のマッチングが行われることになります。しかしながら、そこで行われている**マッチングのための諸活動は、職業安定法が想定している「適格紹介の原則」とは全く異なるもの**となっていきます。

「就活」は「職探し」に非ず

現在、大学生の就職活動を略して「就活」と呼ぶことが普通です。その「就活」に疲れた大学生に心を痛めたある大学教師が、ブログに綴《つづ》った次の一節は、その「就活」なるものの本質を見事に浮き彫りにしています（『sociolog book』「シューカツと就活のあいだ」二〇一二年五月四日付／http://sociologbook.net/?p=385）。

……それでも既卒を中心にハロワですぐに内定取るやつがたくさんいて、話をきくと確かに地味な中小が多いがなかなかのんびりした昭和な感じの会社も多くて、もうこれは職探しの手段としてはハロワ最高ちゃうん、って思って、苦戦してる学生にめっちゃ勧めてるんだけど、あれっと思うほど反応が悪い。

……もちろんハロワで見つかる会社にブラックがぜんぜんないっていう話ではぜんぜんなくて、そうなんじゃなくて、どうせ同じならムダに苦労することないと思うんだけど、っていうことやねんけども。やたらと競争率の高いところに行こうとして無理して長い期間しんどい就活しなくても、給料に差は無いんだから、ハロワで地元の中小企業探して、あとはのんびりと最後まで学生生活楽しんだらいいと思って、かなりアツくハロワ推しをしてるんだが、なんかあんまり反応がない。

それで学生たちになんでハロワ行かないのって聞いたら、まあ聞いたらなるほどって思いましたけども、「ハロワに行くのって『職探し』って感じがするんですよー」って言われたときはびっくりした。いやお前らいまやってるの職探しやろ。違うのか。

この学生たちの素朴な反応に、**「就活」というものが、いかなる意味でも「就職」活動などではないという事実**が、あまりにも露《あら》わになっています。ハローワークは「職探し」をするところであり、自分たちがやっている「入社」のための活動とは縁のない世界だと思い込んでいるわけですね。

「入社」のための「就活」に振り回される学生たちから、見下すように「職探し」とみられてしまうところまで、日本の法律が本来の姿として想定していたジョブ型「就職」の世界は社会の中で周辺化されていたということでしょう。

第2章 「社員」の仕組み

以上、日本のメンバーシップ型雇用システムの仕組みのうち、その入口に関わるところについて解説してきましたが、いうまでもなくその特徴は入口を過ぎてからの配置、昇進、教育訓練、労働条件、福利厚生などさまざまな側面にも表れますし、とりわけ出口に関わるところに集約的に表れます。直接的には若者雇用に関わりがなさそうに見えるかもしれませんが、そういった若手から中年、そして高齢者に至る「社員」たちのありようが、日本の若者雇用に陰に陽に大きな影響を与えているのです。

そこで、本章では、「『社員』の仕組み」と題して、「入社」してから「退職」するまでの人事管理、賃金管理の特徴をかいつまんで説明しておきたいと思います。

拙著『日本の雇用と労働法』では、それぞれの項目についてもっと詳細な説明をしたところもありますが、本書では若者雇用に直接、間接に関わる論点という観点から、できるだけ問題を絞ってお話ししていくこととします。まずは、若いうちはたくさん働いても低い給料しかもらえないのに、中高年社員はそれほど働いているようには見えないのにもかかわらず、高い給料をもらっていて不公平じゃないか、と、近年「若者の味方」と称する人々から非難を浴びている年功賃金制について、そのメカニズムをみていきましょう。

1 定期昇給は何のため？

定期昇給制度の不思議

ここでも、田中博秀氏が三〇年以上前に書いた『現代雇用論』を超える見事な解説は見当たりませんので、前章と同様、同書の記述に沿いながら解説していきます。

田中氏にいわせると、新卒定期採用方式以上に、欧米人にもっと奇妙に見えるのが日本の**定期昇給制度**です。

定期昇給制度は、一年のうちの特定の時期に、全従業員の賃金を一定額ずつ引き上げるというものです。マスコミ報道などではごっちゃにされることもありますが、これは労使交渉によって決まるベース・アップとは別物です。企業の賃金制度として自動的に賃金の引上げを行うというところにその特徴があります。今日においても多くの日本人にとってこの定期昇給制度は極めて当たり前の制度であるようです。

ところが、そもそもなぜ毎年、決まった時期に、全従業員の賃金を一斉に、しかもかなりの金額で引き上げなければならないのかと問われて、きちんと答えられますか。日本の企業の人事担当者でも的確に答えることは難しいのではないでしょうか。

田中氏は指摘します。

……欧米人の感覚からすれば、従業員の能率が上がったりより困難な仕事を担当したり、あるいはより苛酷な条件の下で仕事をやらねばならなくなったときであれば、従業員の賃金が引き上げられるというのは理解できる。ところが、日本の定期昇給制度というのはまったくそのようなものではない。……定期昇給の行われる前、例えば三月三十一日に全従業員がやっていた仕事と、定期昇給が行われたあと、例えば四月一日にやっていた仕事とがまったく同じであり、しかもその仕事振りもまったく変わっていなくても、全従業員の賃金が一斉に、かなりの金額で引き上げられるというのであるから、欧米人の感覚からすればそれでは企業の経営は成り立たなくなってしまうのではないか、ということになる。**ノー・ワーク、ノー・ペイの原則からすれば、三月三十一日と四月一日の仕事がまったく同じであるならば、賃金はいっさい余分に支払う必要はない**のである。

仕事と対応する賃金制度

このように欧米人からみればどうにも理屈に合わないことが日本中の企業で行われているのには、それ相応の理由があります。そのポイントは、前章で詳しく解説した「人」と「仕事」の結びつけ方の違いにあるのです。

欧米諸国では、企業組織というものが「仕事」を中心に成り立っています。その一つ一つの「仕事」について、仕事の内容、範囲、権限、責任などが明確に定められているのと同様に、それに対する報酬も明確に定められているのです。

「仕事」の内容、範囲、責任、権限などが誰がみても全くまぎれのないように、はっきりと定められているために、誰がその「仕事」をやろうと、たとえそれが白人であろうと、黒人であろうと、あるいは男性であろうと、女性であろうと、さらには二〇代の若者であろうと、六〇代の高齢者であろうと、その「仕事」をきちんとやっている限り、その「仕事」の報酬として定められた賃金が支払われるのです。しかし、それ以外はいっさい支払われません。つまりその「仕事」とは関係のない、例えば年齢だとか、家族が何人いるとか、あるいはどこから通勤してくるか、などということはいっさい考慮されないのです。

これは会社側の事情についても同様です。会社の経営事情が悪いから従業員は会社側に対して遠慮しなければならないものだとは全く思っていませんし、逆に会社の経営事情が良いからといって余分に賃金を払うべきだとも考えません。ですから、労働者側の事情についても全く同様で、かりに来月結婚することになっていたとしても、あるいは二人目の子供が生まれることになっていたとしても、そのことのために賃金を多く払う必要があるとは全く考えないのです。

一言で言えば、**欧米諸国では、一つ一つの職業について、その職業を遂行する知識、経験、能力を兼ね備えた一人前の労働力に対する職種別の賃金が決まっているの**です。前章で述べたように、採用が基本的に欠員補充方式ですから、企業の中のすべてのポストが企業への「入口」になり得るので、**企業外部の労働市場においてそのポストの「値段」が決められる**ことになります。これを**職務給**といいます。

仕事と対応しない賃金制度

これに対して日本では、企業というものが「仕事」ではなく「人」、正確に言えば「社員」と呼ばれる「人」を中心に作られ、その「人」に「仕事」を当てはめるというやり方でしたね。そのため、賃金も「仕事」を中心に決められるのではなく、「人」を中心に決められることになります。

ある人が、あるときはAという「仕事」をしており、またあるときはBという「仕事」をしていても、その「人」の賃金はそれらの「仕事」とは関係なく決められます。いわば、「仕事」に「この仕事はいくら」という「値札」がつけられるのではなく、「人」に「この人はいくら」という値札がつけられるわけです。

その「人」につけられた賃金の決め方がいわゆる**年功賃金制**といわれるものですが、それは一言で言えば、**初任給プラス定期昇給**という形で決められます。前章で述べたように、日本では企業への入口は基本的に新規学卒就職時に限られる傾向にありますから、ほかの会社と比較可能な賃金水準というのは、基本的に新規学卒労働者の初任給に限られます。この初任給だけは、新卒労働市場という企業外部の条件の影響を強く受けて決められることになります。しかし、それ以降の賃金は、この初任給をベースにして、その上に企業内部の定期昇給という独自の条件を上積みしたものとして決定されていきます。

ですから、新規学卒採用者で職業能力をほとんど持っていなくてもそれなりに高い初任給をもらえたり、あるいは人事異動によって全く未経験の職場に配置換えになって、そこでの仕事がさしあたっては何もできなくても、それまでと同様の賃金がもらえるのです。

年功賃金制の発達

ここで、こうした年功賃金制がどのように発達してきたのかをごく簡単に説明しておきます。詳しくは『日本の雇用と労働法』などを参照してください。

新規学卒採用制とともに定期昇給制が始まったのは、第一次世界大戦後の大企業においてですが、戦前期にはあくまでも社会全体の中ではごく一部で行われていたに過ぎないものでした。それが中小企業も含めて広く適用されていくきっかけは、戦時体制下の賃金統制でした。初任給の額を統制し、内規に基づく昇給のみを認め、さらに男女別、年齢別による賃金統制も行われるようになったのです。

その背後にあった思想としては、呉《くれ》海軍工廠《こうしょう》長時代の伍堂卓雄《ごどうたくお》の生活給思想が挙げられます。彼は、生計費の要素のない賃金が労働者の思想悪化（＝共産主義化）の原因だと批判し、家族を扶養する必要のない若年期には高給を与えても本人のためにならず、逆に家族を扶養する壮年期以降には家族を扶養するのに十分な額の賃金を払うようにすべきだと主張したのです。戦時賃金統制は、この生活給思想に基づいて実施されたものです。

戦後、こうした賃金統制がすべて廃止されたにもかかわらず、労働組合の運動によって生活給思想はほとんどそのまま受け継がれました。一九四六年の電産型賃金体系は、戦後賃金体系の原型となったものですが、本人の年齢や扶養家族数などに基づいて生活保障給を定めています。当時、占領軍や国際労働運動の勧告は年功賃金制を痛烈に批判していたのですが、労働組合はむしろそれをより強化する方向で闘ったのです。

その後、一九五〇年代から一九六〇年代には、経営側と政府が同一労働同一賃金原則に基づく職務給を主張し、労働組合側はそれに対し極めて消極的な姿勢を示していました。意外に思われるかもしれませんが、当時の経営側や政府は、欧米諸国のようなジョブ型の社会にすることをあるべき目標として掲げていたのです。

ところが、経営者団体の日経連（日本経営者団体連盟）は、一九六九年の『能力主義管理その理論と実践　日経連能力主義管理研究会報告』において年功制を高く評価し、全従業員を職務遂行能力に基づいて序列化した資格制度を設けて、これにより昇進管理や賃金管理を行っていくべきだと主張を転換しました。

この「職務遂行能力」というのは、**実際に従事している具体的な職務とは切り離された、いかなる職務をも遂行しうる潜在能力**を指します。ですから、メンバーシップ型の人事管理と極めて適合的なのです。これを**職能資格制度に基づく職能給**と呼びます。

職務給と職能給は、たった一字違いですが、前者は「仕事」中心の賃金制度であり、後者は「人」中心の賃金制度であって、中身は全く正反対なのです。残念ながら世の中には、労働問題の専門家と称する人の中にも、このように全く異なる職務給と職能給をごっちゃにして論じる人が散見されます。そういう人の言うことは、あまり信用できないと考えた方がいいでしょう。

2　時間と空間の無限定

労働時間は無限定

前章で述べたのは、つまるところ、日本の「社員」と呼ばれるメンバーシップ型の雇用契約では、職務が限定されておらず、原則としてどんな仕事でも命じられれば従事する義務があるということでした。その代わり、その仕事がなくなってもほかの仕事に回せる可能性がある限り、簡単に解雇することは許されません。

本節では、メンバーシップ型雇用契約で限定されていないのは**職務だけではなく、働く時間や空間も限定されていない**ということを説明したいと思います。

というと、労働法を勉強した人はすぐに、何を馬鹿なことを言っているのだ、と感じられるでしょう。日本にもちゃんと労働基準法という法律が存在し、一日八時間、一週四〇時間という労働時間の上限が規定されているではないか、と。

はい、そのとおりです。法律の上では。法律上は確かに「使用者は、労働者に、……を超えて、労働させてはならない」と書かれています。しかし、現実の職場では、この労働時間規制を「それ以上働かせてはいけない」上限だと本気で思っている人は、経営者であれ、労働者であれ、ほとんどいないのではないでしょうか。むしろ、それを超えたら、通常の賃金に割り増しした残業代を払わなければならない時間だ、というふうにしか思われていないのではないでしょうか。

ここにも、欧米と同様にジョブ型で作られた労働法と、現実のメンバーシップ型の職場とのずれが顔を出しています。

労働基準法の建前では、一日八時間、一週四〇時間というのは、それ以上働かせてはならない物理的な時間の上限です。いわゆる三六協定によって残業させたり、休日出勤させたりするのは、あくまでも例外的な場合の規定です。そして、その例外的な場合には割増賃金を払わなければならないと定められているのです。これは、時間を区切って労務を供給し、その時間に応じた報酬を受け取る雇用契約の性格からして当然のことです。

ところが、現実の職場ではそんな建前論は通用しません。会社が必要とする限り、時間に制限なくいつまでも働くことが、「社員」と呼ばれる労働者にとっては当然の義務と感じられているのが普通です。そして、この「常識」は、日本の最高裁判所もちゃんと認めてくれています。残業命令を拒否した労働者が始末書の提出も拒否したため懲戒解雇されたという一九九一年の日立製作所武蔵工場事件判決で、最高裁は、就業規則と三六協定がある限り、労働者は労働契約に定める労働時間を超えて労働する義務を負い、残業命令に従わない労働者を懲戒解雇してもかまわないとお墨付きを出しているのです。

近年、労働時間に関する訴訟が結構されているように見えますが、どの判決を見ても、残業代を払え、というものばかりであって、そもそも残業する義務はない、というようなものはほとんどありません。極端な言い方をすれば、**日本には物理的な意味での労働時間規制はほとんど存在せず、労働時間に関わる賃金規制があるだけだとすらいえる**のです。

いざというときのクッションとしての残業

このように、労働時間規制の実態が労働基準法の本来の趣旨とはかけ離れたものになってしまっていることを説明する理由として、政府の研究会でも日本型雇用慣行が挙げられています。

一九八〇年代から一九九〇年代にかけて、時間外労働に上限を設定するかどうかが議論された時、政府の労働基準法研究会は、「時間外・休日労働の弾力的運用が我が国の労使慣行の下で雇用維持の機能を果たしている」と述べていました。長時間労働は、「社員」としての雇用保障の代償として甘受すべきだという考え方が一般的だったわけです。

実際、整理解雇四要件の一つとされる解雇回避努力義務の中には、時間外・休日労働の削減というのが含まれています。ということは、**いざというときに残業を減らして対応できるように、平常状態ではいつでも残業をやっているようにしておいた方がいい**ということです。もし、労働基準法の原則どおりにいつもは残業ゼロで回していたりしたら、いざというときに対応のしようがありません。

自分の仕事と他人の仕事のあいまいさ

しかし、日本の職場で労働時間規制が事実上空洞化している理由としては、もう少し本質的な要因があるように思われます。それは、「仕事」中心ではなく、「人」中心であるという人事管理の在り方が、組織内における仕事の運営の仕方それ自体にも色濃く現れていることに起因します。

前章では、主に個々の「仕事」と個々の「人」の結びつけ方の場面に欧米諸国と日本の違いがあるような説明をしました。しかし、現実に日本の企業組織の中で働いた経験のある方々にとってはよくわかることだと思いますが、そもそも日本の職場では、ある一時点だけをとっても「あなたの仕事はこれこれ」というふうに明確には定まっていないのです。

欧米の職場では、個々の労働者の仕事の内容、範囲、責任、権限などが「職務記述書」や

「権限規程」という形で明確に定められています。ですから、同じ職場にいても、自分の仕事と他人の仕事の区別は明確です。他人の仕事をする義務はありませんし、する権利もありません。むしろ、他人の仕事に手を出したりしたらトラブルのもとです。

ところが、日本の職場では、そのように個々人に排他的な形で仕事が割り振られているわけではありません。むしろ、個々の部署の業務全体が、人によって責任の濃淡をつけながらも、職場集団全体に帰属しているというのが普通の姿でしょう。**自分の仕事と他人の仕事が明確に区別されていない**のです。

そうすると、たまたま今やっていた自分の作業が終わったからといって、さっさと仕事を終えて帰るなどという行動をとるのは、大変難しいことになります。同僚がたまたま今やっている仕事だって、他人の仕事ではなく自分の仕事でもあるからです。結果的に、職場集団の全員が仕事を終えるまでみんなで残業することが多くなります。**「社員」の辞書に、「それは私の仕事ではない」という言葉はない**のです。

転勤は拒否できない

配置転換という言葉には、職務を変更するという意味と勤務場所を変更するという意味の二種類があります。前者は前章で述べたとおり、職務の定めがないという日本型雇用システムの本質そのものですが、後者、つまり**空間的な移動に原則として制限がない**というのも日本の大きな特徴です。

勤務地が変わることを「転勤」といいますが、これが極めて広範に行われているのです。かつては配偶者や子供を連れて家族で赴任するということが一般的でしたが、ある時期以降、単身赴任といった現象がかなり広範にみられるようになっていきました。

会社から遠い赴任地に転勤することを命じられれば従うのが当たり前で、それを拒否するなどということは余程の事情がなければ認められません。そんなことは六法全書のどこをみても書いてありませんが、現実の職場の秩序はそういうふうに構築されているのです。ですから、日本の最高裁判所も、その現実に即した判決をちゃんと下しています。一九八六年の東亜ペイント事件判決です。

これは、高齢の母と保育士の妻と二歳児を抱えた男性労働者に神戸から名古屋への遠距離配転を命じ、拒否したことを理由に懲戒解雇した事案です。「使用者は業務上の必要に応じ、その裁量により労働者の勤務場所を決定することができる」という前提の上で、「労働者に対し通常甘受すべき程度を著しく超える不利益を負わせるとき」などでない限り、権利の濫用にはならないとし、本件での「家庭生活上の不利益は、転勤に伴い通常甘受すべき程度のもの」と一蹴しています。

自分自身頻繁な転勤を繰り返す裁判官にとって、業務命令で転勤するのは当たり前だったのかもしれません。

3　社内教育訓練でスキルアップ

公的教育訓練中心の仕組み

前章で述べたように、欧米諸国のように「仕事」が先にあり、そこに「人」を当てはめる仕組みであれば、仕事のやり方はその「仕事」に就く前に学んでいなければならず、労働者がその「仕事」のスキルをちゃんと身につけているということが採用の大前提になります。その「仕事」のスキルがない「人」をわざわざそのポストに採用するなどということはあり得ないからです。

では、労働者はどこでそのスキルを身につけるのか。採用される前なのですから、企業の外であることは間違いありません。それは学校教育、具体的には職業教育学校であることもあるでしょうし、公設の職業訓練施設であることもあるでしょうし、民間の教育訓練施設、日本でいえば専修学校や各種学校のようなところであるかもしれません。いずれにしても、企業の現場ではありません。

後に出てくる話との関連でいうと、ドイツやその周辺諸国で行われているデュアル・システムという仕組みは、企業現場での実習でスキルを身につけるやり方なのですが、それはあくまでも採用される前にスキルを身につけるための教育訓練を、企業現場を使わせてもらって実施しているものなので、大きく分ければやはりここでいう**公的教育訓練中心の仕組み**であることに変わりはありません。

日本の労働法制もそういうジョブ型の仕組みで作られているということもお話ししました。職業安定法が想定しているのは、ハローワークにおいて、ある「仕事」についてその仕事を遂行する能力を持つ人を求める求人と、その仕事を遂行する能力をもつ人の求職を結合するということです。それが適格紹介の原則でしたね。

では、今現在その仕事をする能力のない人はどうしようもないのか、というと、そういう人のために公共職業訓練の受講指示という制度があります。今のままではスキルがないから採用されないけれど、**職業訓練を受けてスキルを身につけたら、そういうスキルのある人をそのポストに求める求人と結合することができる**はずだ、というジョブ型の発想に立った制度です。

このように、日本も法律の建前上は、公的教育訓練中心の仕組みとなっているのです。近年は国の委託を受けた民間施設による訓練の方が多いですが、本質的には同じことです。

社内教育訓練中心の仕組み

ところが、前章でみたとおり、現実の日本社会では、「仕事」が先にあり、それができる「人」を当てはめるのではなく、「人」が先にあり、その人にすぐにできるとは限らない「仕事」を当てはめるというやり方ですから、その「仕事」のやり方を社内で学ぶという仕組みがなければ、うまく回っていきません。つまり、仕事に関する教育訓練の仕組みが、**社内教育訓練中心の仕組みにならざるを得ない**ということです。

そもそも、会社に入る前も入ってからも、どんな仕事を命じられるのかは本人にもわからないのですから、あらかじめ特定の「仕事」のスキルを身につけておくなどということができるはずがありません。いかなる仕事をすることになるかは会社の命令によって決まる以上、その仕事を遂行することができるように教育訓練するのは、命じた会社の責任になるというのは当然でしょう。

その教育訓練のやり方としては、職場の作業から離れて、主として座学などによってその仕事に必要な知識を学ぶ**Off－JT**（オフ・ザ・ジョブ・トレーニング）というやり方と、職場で上司や先輩の指導を受けながら実際に作業をやっていって、そのスキルを身につける

ＯＪＴ（オン・ザ・ジョブ・トレーニング）というやり方があります。現在の日本では、入社後の入門的な基礎研修などを除けば、圧倒的にＯＪＴが中心です。

ＯＪＴは、仕事そのものをやらせることで仕事のスキルを身につけさせることができるという意味で、企業にとっても大変効率的なやり方です。とはいえ、勝手にやらせたのでは教育訓練になりませんから、上司や先輩がちゃんと教師役として指導する必要があります。ということは、上司や先輩は自分の仕事だけしていればいいのではなく、部下や後輩のＯＪＴの面倒をみなければならない、それも仕事のうちということです。

逆に言うと、上司や先輩の仕事にある程度時間の余裕がなければ、部下や後輩のＯＪＴの面倒をきちんとみてあげられないということも起こりうるわけです。

教育訓練としてのジョブローテーション

もう一つ重要なことは、前章でみた**定期人事異動方式がＯＪＴによるスキル習得と組み合わされることによって、さまざまな仕事のスキルを身につけていく仕組みになっている**ということです。これを**ジョブローテーション**といいます。

新入社員も、人事異動で変わったばかりの者も、最初はその仕事のやり方がよくわかりません。そこで、上司や先輩の指導の下でＯＪＴによる作業を繰り返していくことで、だんだんとスキルが身につき、こつがわかるようになり、その仕事がうまくできるようになっていきます。しかし、そのままではその仕事ができるだけです。二、三年間隔で人事異動を繰り返すことにより、また未熟な状態からＯＪＴでその仕事のこつをつかんでうまくできるようになる、というサイクルを繰り返すわけです。そして、次第により高いレベルのスキルが身についていくことになります。

定期人事異動はもちろん、新卒定期採用制に基づき、ポストから押し出される形で必然化する仕組みではありますが、それをＯＪＴによる教育訓練システムとして見事に活用したところに、日本型ジョブローテーションのある意味で見事なところがあります。

社内教育訓練でスキルアップできるという仕組みは、それがうまく回っている限り、公的教育訓練であれ、民間教育訓練であれ、企業の外側の教育訓練施設に通って、自前でコストを負担する必要がない、という点で、とりわけスキルのない若者にとっては、間違いなくメリットのある仕組みであったことは確かです。

4　リストラは周辺部と中高年から

陰画としての非正規労働者

今まで、意識的に触れずにきたのが、今や日本の労働力の四割近くを占めるに至っている非正規労働者の問題です。

実は、日本の雇用システムは、会社に「入社」してその「メンバー」として働く「社員」たちと、そうではない非正規労働者と呼ばれる人々からなっているのです。そんなことはわかっているよ、と言われるでしょう。むしろ、今日の若者雇用の最大の問題は、彼らの相当部分が非正規労働者として働かざるを得なくなっているということではないか、何を間の抜けたことを言っているのだ、と思われるかもしれません。

それは全くそのとおりなのですが、そのような認識が一般化したのは、ほんのここ一〇年くらいであるということも同時に意識しておく必要があります。それ**以前も、非正規労働者は労働力のかなりの割合を占めていたのですが、若者雇用問題と関連づけて論じられることは全くなかった**のです。

田中博秀氏が「新規学卒就職希望者は自分の希望するところへ就職することは困難であるとしても、ほぼ間違いなく全員が自分の就職先を見つけ出すことができるようになっている」と描写した時代においては、非正規労働者というのは、主に家事を行いながらそのかたわら家計補助的に就労する主婦パートか、主に通学して勉強しながら小遣い稼ぎ的に就労する学生アルバイトと相場が決まっていました。

彼らはその夫や父親の扶養家族であることが前提なので、生計費を恒常的に稼ぐ必要は基本的にないものと一般に思われていました。ですから、彼らに対する人事管理、賃金管理は、会社の「メンバー」である「社員」たちに対するそれとは全く逆になります。彼らは、特定の具体的な「仕事」を定めて雇われます。多くの場合、それは単純労働的な仕事で、雇用契約は期間を定めたものであることが一般的です。

その採用は、企業が労働力を必要とするときにそのつど行うのが原則です。非正規労働者を採用する権限は、予算の範囲内で、具体的に労働力を必要とする各職場の管理者に与えられています。そして、その職場で労働力を必要としなくなれば、多くの場合有期労働契約の雇止めという形で実質的に解雇されます。

「仕事」に基づいて採用されるのですから、原則として人事異動はありません。契約の更新を繰り返しても同じ仕事を続けるだけです。従ってまた、企業が教育訓練を行うということも、ごく基礎的なものを除けばほとんどありません。

彼らの賃金は時給であり、その水準は企業のいかんを問わず外部労働市場の需給関係で決定されます。多くの場合、その水準は地域最低賃金額に若干上乗せした程度の低賃金です。水準が企業外部で決定されるのですから、いくら契約更新を繰り返して事実上長期勤続になっても、それに応じて賃金が上昇していくということはありません。逆に、正社員に対して行われているような人事査定も、非正規労働者には適用されません。通常、ボーナスもなければ退職金もなく、正社員向けの福利厚生施設からも排除されていることが多いのです。

彼らは多くの場合企業別組合の組合員資格がなく、毎年の春闘による賃金引上げも、正社員の賃金のみが対象です。それどころか、**企業リストラの時の労使協議においては、正社員の雇用維持のために、先に非正規労働者を雇止めするということが規範化**されています。これは裁判所の判例でも確認されています。

日本型フレクシキュリティ

アメリカのサブプライム問題に端を発した世界的な金融危機の中で、二〇〇八年秋以来多くの企業で「派遣切り」「非正規切り」と呼ばれる非正規労働者の解雇や雇止めが続出したのも、以上に述べたような非正規労働者の位置づけからすれば本来予定された当然の行動でした。

正社員が会社の「メンバー」であり、そのメンバーシップが初めにあって、その上でその時々の必要に応じて具体的な職務が与えられるのに対して、非正規労働者は遂行すべき職務がある限り利用する会社の外部の存在ですから、その職務がなくなれば利用をやめることに何のためらいもないのは当然です。現に、一九七〇年代の石油危機においても、そのような企業行動がなされ、見事な成功を収めました。そしてその経験は、整理解雇四要件という形で判例法理として確立したのです。

整理解雇の四要件

(1) 人員整理の必要性
(2) 解雇回避努力義務の履行
(3) 被解雇者選定の合理性
(4) 解雇手続の妥当性

当時このことに何の問題意識も抱かれなかった理由は、先に述べたように、多くの人々の念頭にある**非正規労働者がもっぱら、家計補助的に働く主婦パートや小遣い稼ぎのための学生アルバイト**だったからです。

それを前提にすれば、一家の大黒柱の成人男性労働者である正社員の雇用を守るために、パートやアルバイトを切るのは当然のことでした。彼ら自身、自分たちは一時労働市場から撤退して、雇用を守られた夫や父親の庇護《ひご》下で身を潜めているのは当然と考えていたのでしょう。

こういう在り方を、私はかつて、いつでも解雇や雇止めができる低賃金の主婦パートや学生アルバイトのフレクシビリティ（柔軟性）と、彼らをその夫や父親の高賃金と雇用の安定性によって保護するセキュリティ（安定性）を組み合わせたモデルという意味で、**日本型フレクシキュリティ**と呼んだことがあります。

そういう前提が一九九〇年代に大きく変わっていき、二〇〇〇年代になってようやく意識されるようになっていくのですが、その推移については、第4章で詳しくみていくことにします。

リストラの標的としての中高年

ここまでは、日本の「社員」は「仕事」のあるなしにかかわらず雇用が守られているという前提でお話ししてきました。それは、裁判所が確立してきた判例法理の世界では確かにそのとおりです。

正確に言えば、日立製作所武蔵工場事件判決や東亜ペイント事件判決にみられるように、仕事も時間も空間も無限定という「社員」の在り方の大前提に逆らうような不届き者は懲戒解雇されることもありうるのですが、その分、いわゆる整理解雇四要件によって、残業の抑制、新規採用の停止、配転・出向・転籍、非正規労働者の雇止め、休業、減給、希望退職募集といった解雇回避のための努力を尽くすことが要求され、それらをきちんと尽くさずに行われた整理解雇は無効とされるのですから。

しかし、日本の企業も資本主義社会の中で活動しているのですから、当然事業がうまくいかず、リストラをせざるを得ない事態はいくらでも発生します。もちろん、その際には前記手段が順次とられるのであり、その中に「**新規採用の停止**」が含まれていることが、とりわけ若者雇用という観点からは、中高年の雇用を維持するために若者が犠牲にされている、といった批判を生む原因にもなっています。

そのこと自体は確かにそのとおりなのですが、戦後日本で現実に行われてきた企業リストラの姿を客観的に見れば、世代論的にはむしろ逆の側面もあるのです。

先の解雇回避のためにとられるべき措置の中に「**希望退職募集**」というのがありました。これは文字どおりの意味では本人が退職を希望することを前提に、「退職したい人はいませんか？」と募集するということになりますが、もちろん実際に行われるのは、別に退職を希望なんかしていないし、むしろ退職したくない労働者に対して、「退職しないのか」「退職したらどうだ」と勧めること、つまり「退職勧奨」であるわけですし、場合によっては「退職強要」といわれるようなことも珍しいわけではありません。

ここで重要なのは、そういう解雇という形をとらないけれども実質的には解雇に近いような**リストラ策において、主として標的にされるのは若い労働者ではなくて中高年労働者**であるということです。

これは、会社側からみれば極めて合理的な行動です。なぜなら、日本独特の年功賃金制によって、若い労働者は労働コストが安いのに対して、中高年労働者は高くつくからです。もし、欧米のような職務給であれば、中高年労働者は別に高くつくわけではなく、むしろ長年同じ仕事をしてきてこつもつかんでいるために、相対的にお得な労働力ということになりますから、むしろ同じ給料で熟練度の劣る若い労働者の方を解雇することが自然です。

そもそも、欧米では雇用契約というのがジョブを基盤に結ばれるのですから、そのジョブがなくなったのであれば、雇用契約を終了することはおかしなことではありません。差別的な解雇や不公正な解雇に対しては厳しい規制をかける一方で、整理解雇についてはその手続きを規制するにとどめる国が多いのです。日本のように整理解雇には厳しい規制をかけながら、会社のいうことを聞かないからというような理由による解雇にはそれほど厳しくない社会とは対照的です。

そして、その整理解雇の手続きについては、一般的にいわゆるセニョリティ・ルール（先任権制度）、つまり勤続年数の短い労働者から順番に解雇していき、勤続年数の長い労働者ほど解雇されずにとどまれる、というルールが、アメリカであれば労働組合との労働協約によって、ヨーロッパでは場合によっては法律によって定められています。これは大変厳格なもので、会社側が勝手に「この人は残したい」といっても、簡単に通用しません。

ここで**セニョリティ**という言葉が出てきました。日本の年功賃金制もセニョリティ・ベースト・ウェイジといいます。どちらも勤続年数を雇用関係のある側面における決定に用いるという点では共通ですが、**欧米ではそれを解雇される順番（正確に言えば解雇されない順番）に用い、日本ではそれを職務とは切り離された賃金の決定に用いる**わけです。そして、皮肉なことですが、日本では中高年労働者の賃金がセニョリティに基づいてその仕事に比べて高くなっているために、実際にリストラが行われるときには、中高年労働者の方から退職勧奨がされるということになりがちです。

実際、戦後日本で景気が悪化し、企業がリストラをせざるを得なくなった時には、いつも中高年の雇用問題が声高に議論されてきました。一見、中高年が得をしているように見える日本のリストラの現実は、実は賃金の低い若い労働者の雇用を維持し、高くつく中高年労働者をその標的として追い出そうとするものでもあったのです。

5 若者雇用政策の要らなかった社会

ここまで読まれてきて、序章の冒頭で述べた「長らく日本の雇用政策の中心を占めていたのは中高年問題であり、若者問題ではなかったのです」ということの背景にある事情がおわかりいただけたのではないでしょうか。

そもそも、欧米では「企業に採用してもさしあたっては何の役にも立たないような、職業経験も知識も何も持たないような」新規学卒者を「もっぱら好んで採用しようとすることは、とても理解することができない」のに対して、日本では、新規学卒者がほとんど唯一の会社への入口となっていたために、少なくともある時期までは「自分の希望するところへ就職することは困難であるとしても、ほぼ間違いなく全員が自分の就職先を見つけ出すことができるようになってい」ました。

欧米では、学校を出たばかりのスキルもない若者は、欠員補充に応募しても経験豊富な中高年失業者にとられてしまい、仕事に就けずに失業するのが当たり前であるのに対して、**日本では何の経験もスキルもない「まっさら」な人材であることがむしろ高く評価されて、**

「社員」として「入社」できるのが当たり前であったのです。

まず何よりもこの大きな違いをきちんと認識しておく必要があります。だから、若者雇用政策などというものは存在する必要がなかったのです。せいぜい、学校から仕事への移行を円滑にするための学卒対策という分野があっただけなのです。

スキルのない若者が大量に失業する欧米社会では、何よりも重要な政策は彼らが仕事に就けるように、その仕事に必要なスキルを付与することになります。つまり、若者雇用政策の中心は、何よりも公的な職業教育訓練を大々的に行い、できるだけ多くの若者が企業の欠員募集に応募したら採用されるようなスキルを身につけられるようにすること、これがアルファであり、オメガであるということになるのです。日本では、そのような政策は、もっとも不要とされました。

なぜなら、「入社」するためには下手な職業経験など積んでスキルを身につけているよりも、会社に入ってから上司や先輩の指導を受けながらＯＪＴでスキルを身につけていけるような「いい素材」であることの方が遥かに重要だったからです。職業教育訓練というものは、企業の外で公的訓練施設や民間施設に通って行うものではなく、会社に入ってからＯＪＴで行うもの、という常識が、日本の多くの人々に共有されていました。ここでもやはり、若者雇用政策の存在する余地などほとんどありませんでした。

そして、リストラの際にもその標的になるのは、欧米であれば勤続年数の少ない若者というのが常識ですが、日本ではその反対に、人件費のかさむ中高年労働者が退職勧奨で狙い撃ちされ、安上がりな若い労働者にまで及ぶことはほとんどなかったのです。

ある時期までの日本が「若者雇用政策の要らなかった社会」であったことの理由が、その背後にあるメカニズムが、理解していただけたでしょうか？

第3章 「入社」のための教育システム

1 「就職」型職業教育の冷遇

「何の役にも立たない」者にならないための教育

第1章では、田中博秀氏の説明をそのまま用いて、「欧米諸国の企業からすれば、新規学卒者を、つまり企業に採用してもさしあたっては何の役にも立たないような、職業経験も知識も何も持たないような者をもっぱら好んで採用しようとすることは、とても理解することができないのです」と述べました。

この説明は全くそのとおりですし、実際、それゆえ欧米では中高年に比べて若者が失業者になりやすいのですが、とはいえ、新規学卒者がすべて「職業経験も知識も何も持たないような者」で「さしあたっては何の役にも立たない」わけでもありません。

企業側が欠員補充方式で、「必要なときに、必要な資格、能力、経験のある人を、必要な数だけ」採用するのであれば、新規学卒者には職業の「経験」だけはいかんともしがたいにせよ、ある程度の「必要な資格、能力」を身につけているようにしておくことは、採用されやすくなるためには極めて重要なことであるはずです。新規学卒者が特定の職業に必要な資格や能力を身につけておくためには、その者が在籍していた学校で適切な教育を受けて、それらを取得しておくという仕組みがもっとも自然です。

そのような仕組みが**職業教育**と呼ばれるものです。学校のカリキュラムとして、職業に必要な知識を学び、実習によって技術を身につけておく、というものです。といえば、そういう仕組みは日本にもちゃんとありますね。高校は普通科だけではありません。今は専門高校といいますが、かつては職業高校といわれた課程、具体的には工業科、商業科、農業科といった高校は、まさにそういう職業教育機関として設けられたものです。しかし、後述するように、日本では普通科に進学するのがまともなコースで、職業高校なんかに行くのは落ちこぼれという意識が強く、その割合は多くありません。

大学はどうでしょう。のちに詳しくみていきますが、学校教育法の建前では、大学というのは「学術の中心として、広く知識を授けるとともに、深く専門の学芸を教授研究し、知的、道徳的及び応用的能力を展開させることを目的とする」存在（第八三条）ということになっていますが、その中でも実際には特定の職業に「必要な資格、能力」を身につけるための職業教育機関として社会的に確立している学部がいくつかありますね。医学部や歯学部、薬学部といった医療関係の学部は、まさに医師、歯科医師、薬剤師といった専門的な職業人を養成するための職業教育機関として認識されています。

もちろん、いかに職業教育機関といえども、そこを卒業しただけで一人前の即戦力になれるわけではないので、必要な経験を積むために研修医というような制度があるわけですが、それにしても、医学部を出たばかりの若者が、そうでない若者と同等の「さしあたっては何の役にも立たない」者などではないことは明らかです。つまり、医療の世界は、日本社会の中では例外的に、かなりジョブ型の原理が浸透している領域だということになります。

このように、**ジョブ型社会では、新規学卒者が「さしあたっては何の役にも立たない」者にならないように、学校教育制度の中に特定の職業に必要な資格や能力を身につけるための課程が設けられることが普通**です。

教育の職業的意義（レリバンス）とは？

これを言い換えれば、教育が仕事に役立つようなものであるようになっているということになります。このことを、教育社会学の用語で「**教育の職業的意義（レリバンス）**」といいます。この問題については、東京大学大学院教育学研究科の本田由紀氏が近年精力的に発言していますので、読者も耳にしたことがあるのではないかと思います。

本田氏が強調するのは、国際的にみて、日本社会では教育の職業的意義が顕著に低いということです。その著書の『教育の職業的意義――若者、学校、社会をつなぐ』（ちくま新書）に沿って、簡単にみておきましょう。詳しいデータは是非、同書を参照してください。世界の青年意識調査で、最後に経験した教育機関について、職業的技能の習得という点で意義があったと答えた比率を高卒、大卒別にみると、いずれについても日本は世界で最下位です。つまり、日本の大学や高校は、仕事の世界に向けて若者を準備させるという重要な機能が、他国に比べて明らかに弱体なのです。

日本の高校教育において職業的意義が極めて低い最大の要因は、専門高校（職業高校）の比率が極めて低いことにあります。高校の職業科で学んでいる生徒の比率は、他国ではほぼ半分くらいですが、日本では四分の一弱です。しかも、その少ない職業課程においても、職業的意義はそれほど高いとは思われていないのです。

しかしさらに問題なのは、今や同世代人口の過半数が進学するようになった大学です。かつて、日本とヨーロッパ一二か国の大学卒業後三年目の者に、大学教育に対する主観的評価を尋ねた結果を見ると、日本では「職業における大学知識の活用度」が著しく低く、「満足のゆく仕事を見つける上で役立つ」や「長期的キャリアを展望する上で役立つ」というのも低く、他国に匹敵するのは「人格の発達の上で役立つ」というものだけだったそうです。

一言でいえば、**高校教育にせよ、大学教育にせよ、日本社会における教育の職業的意義は極めて低い**ものとなっています。

職業教育冷遇化の推移

このような職業的意義を軽視する教育の在り方は、しかしながら、政府が一貫して進めてきたというわけではありません。意外に思われるかもしれませんが、かつて**高度成長期までの日本政府は、職業教育を熱心に唱道していた**のです。

前章の年功賃金制の説明のところで、一九五〇年代から一九六〇年代には、政府と経営側が同一労働同一賃金原則に基づく職務給を主張していたと述べました。当時の政府の労働政策は、「職業能力と職種に基づく近代的労働市場の確立」を目標として掲げていたのです。

その考え方と平仄《ひょうそく》を合わせて、教育についても職業教育中心の思想が掲げられていました。

例えば、一九六三年の人的能力政策に関する経済審議会答申では、「職業に就く者はすべて何らかの職業訓練を受けるということを慣行化」するという目標を掲げ、職業高校で企業現場での実習を行うことや、普通科高校でも職業科目を教えることなどを提起していました。これを受けて、一九六〇年代の教育政策では、職業教育の重点化、多様化が推進されたのです。

しかしながら、現実の社会はそれとは全く逆の方向に進んでいきました。一九七〇年代以降は、職業教育は質的にも量的にも後退の一途をたどっていくのです。

本田氏はその理由として二つの点を挙げています。一つは、それまで同一労働同一賃金原則に基づく職務給を主張していた経営側が、職務遂行能力に基づく職能給に舵《かじ》を切ったことに示されるような、日本型雇用システムの定着です。

潜在能力や一般的、抽象的な人格を高く評価するような人事管理からすると、社内における個々の職務に対応する職業能力よりも、企業組織そのものへの労働者の帰属を重視することとなります。それが、職業教育で身につけられる具体的な職務に対応する職業能力よりも、いかなる職務にも対応できる一般的、抽象的な「職務遂行能力」を養う上で役立つと思われる普通教育の重視につながっていった、という流れです。現在でもよく言われる「地頭がいい」人材を求める、という発想ですね。

今一つの理由は、一九六〇年代に急速に進んだ新規中卒者の激減と、高校進学率の急増が、中卒＝ブルーカラー、高卒＝ホワイトカラーという学歴と職務の対応関係を崩壊、混乱させ、新規高卒者のブルーカラー職への採用が増大したことです。

従来は中卒者が就いていたブルーカラー職に就かざるを得なくなった高卒者の葛藤や不満を解消するために、企業内部の職務の区分をあいまいにし、ホワイトカラー、ブルーカラー間の柔軟な移動を可能にする人事管理を導入する必要があったというのです。職能給のような職務を明確にしない**日本型雇用システム自体が、教育の現実によってもたらされた面がある**という説明です。

六〇年代には職種と職業能力に基づく近代的な外部労働市場の確立を目指していた労働政策も、一九七三年の石油危機を契機に、企業内部での雇用維持を最優先させる方向に大転換しました。これ以降、政府の職業能力開発政策は、企業内人材養成に財政的援助を行うという方向に大きく舵が切られました。

こうして企業内人材養成とそれに焦点を当てた労働政策が我が世の春を謳歌していた頃、企業からその必要性を否定された公的人材養成システムは苦難の道を歩んでいきます。その中で、偏差値の低い者が行くところと見なされた職業高校は、そこで教えられる内容に職業的意義を与えることのできないまま、彼らを企業に送り込むという役割に甘んじていきます。

その結果何が起こったかは誰もが知るとおりです。学校で具体的に何を学んだか、何を身につけたかは就職時に問題にされず、偏差値という一元的序列で若者が評価される社会がやってきました。本田氏のいう教育の職業的意義の欠如したシステムです。職業高校で学んだことではなく、職業高校に行かざるを得なかった偏差値のみが注目されるならば、いかに政府が煽《あお》り立てようが、好んで職業教育を受けようとする若者はいなくなるでしょう。

2 「地頭がいい」人材を提供するだけの学校教育

「入社」のための普通教育

これは一見、普通科高校や大学にとっての我が世の春とも見えますが、そうは問屋が卸しませんでした。学校教育は企業内人材養成に耐えうる「地頭がいい」人材を提供してくれればよいのですから、企業にとって意味がなくなったのは職業教育だけでなく、高校の普通教育も、大学教育もそれ自体としては意味がないという点では同じです。

教育関係者の主観的感情では、職業教育のような産業界に奉仕するための教育は望ましくなく、真理の探究や人格の形成といった教養教育こそが理想の姿だと考えていたのかもしれません。

しかしながら、少なくとも経営側はそういう発想ではありませんでした。企業はもはやっれない教育界に対して人材養成をお願いする立場ではありません。企業内人材養成に耐えうる「地頭がいい」人材を提供してくれればそれでよいのです。極論すれば、学校教育で意味があるのは、その学校に入学するときにどれだけ試験が難しかったか、つまりその前の時期にどれだけ一生懸命勉強したか、あるいは勉強したことがきちんと身につくような能力があったか、つまり会社に入ってからOJTでさまざまな仕事を覚えていくことができるような素材としての優秀さを外に対して示すシグナルとしての役目だけです。

はっきり言えば、**学校は余計なことをせずに、優秀な素材を優秀な素材のままに企業に手渡してくれれば、後は企業がOJTできちんと育てていく**、という発想です。

学校と社会を貫く一元的能力主義

こうして生み出されたのが、**学校教育と社会を貫く一元的能力主義**です。

これは、首都大学東京の乾彰夫氏の言葉ですが、この科目はできるけれどあの科目は苦手だからこういう進路を目指そうという多様性を前提にした発想ではなく、とにかく全教科まとめてこれくらい勉強ができるから、あるいはできないからこういう進路をとるべき、とらざるを得ない、という発想です。

それを象徴するのが一九七〇年代に教育界に広まった**偏差値**です。

偏差値自体は学力を統計的に示すもので、本来無色透明なはずですが、全科目をまとめた偏差値で生徒を輪切りにして、偏差値がこれくらいならこれくらいのランクの高校に進学し、これくらいのランクの大学に進学し、そしてこれくらいのランクの会社に就職するという形で、極めて**一元的な物差しが社会全体を覆うようになったということ**が、ある時期の奇妙に感情的な偏差値叩きという社会現象の背景にあったのでしょう。

こうなると、職業高校が嫌われて普通高校ばかりが増えていけば、偏差値の低い者が行く普通科底辺校はそういうレベルの若者を送り出すだけの存在になりますし、いたずらに膨れあがった文科系大学底辺校も同様の機能を果たすようになります。なぜなら、そういう学校は優秀でない素材にもともと意味のない教育を施しただけなのですから、何ら付加価値は増えていないからです。

学ぶ内容に意味のない学校であれば、それはもはや学ぶ場所ではなくただの収容所ですから、若者が荒れたり、不登校になったりするのも不思議ではありません。また、職業能力を身につけないままフリーターとして労働市場に漂いだしたり、ニートとしてそこから排除されたりすることにもなります。

しかし教育界は、この多様性なき一元的序列付けという社会的根源には何ら触れることなく、偏差値が悪いとか、心の教育とか、ゆとりだとか、見当外れの政策を行き当たりばったりに試みるだけでした。

3 教育費は誰が払う？

教育費を公的負担するジョブ型社会

ここで、前章でみた生活給的な年功賃金制と、こうした職業的意義の乏しい教育制度が一般化したこととの関係について触れておきましょう。

欧米型の仕事と対応する賃金制度の下では、年齢や扶養家族数などといった個人の家庭事情はいっさい考慮されません。しかし、結婚して子供ができ、子供が成長して学校に行くようになれば、その養育費や教育費がかかるようになる点では、欧米諸国でも日本でも変わらないはずです。諸外国ではいったいどうしているのでしょうか。

いや、もともと日本だって法律制度上はジョブ型だったはずです。ジョブ型にふさわしい仕組みはちゃんとあります。あるいはより正確に言えば、ある時期まではちゃんとあったのです。

例えば子供の養育費については、政府がジョブ型の政策をなお唱道していた一九七一年に児童手当制度が設けられています。その意義は、それに先立つ六〇年代に繰り返し、職務給を実現するためであると政府によって説明されてきました。しかしながら、制度ができたとたんに世間の風潮は全く逆方向に進み始め、会社が社員のためにちゃんと家族手当を支給しているのに、それに加えて政府が余計なことをする必要があるのか、という批判を受け、支給額についても、支給対象についても、ひたすら細々と縮んでいくこととなりました。

教育費については、まさにそういう問題があるからこそ、義務教育は無償というのが原則とされているわけです。そして、同世代人口の大部分が義務教育のみで社会に出て行った時代には、それでかなりの必要性をまかなえていたことも確かでしょう。

しかし、その後日本に限らず、先進諸国ではいずれも高校への進学率が急上昇していき、今ではほぼどの国でもほとんどの生徒が高校に進学するようになっていますし、大学への進学率もかなり高まっています。日本の大学進学率は、先進国の中では決して高い方ではありません。ただし、その中身が職業的意義の乏しい教育に著しく偏っていることは前節で述べたとおりです。

このように高校や大学への進学率が高まってくる中で、欧米諸国では高校についてはほぼ授業料は無償化されています。日本ではようやく民主党政権になって、二〇一〇年度から実施されたことはご承知のとおりです。

問題は大学です。ヨーロッパの多くの国では、大学の授業料も原則無料です。それに対して、授業料が無償化されていない国々でも、大体給付型の奨学金によってまかなえるようになっており、日本のような貸付型、つまり卒業後何年もかかって返済していかなければならないのが原則という国はほとんどありません。

教育は親がかりのメンバーシップ型社会

この問題に対しては、最近になって急速に関心が高まってきましたが、逆に言うと、それまではなぜこの問題に対してほとんど関心が持たれなかったのか、社会問題にならなかったのか、ということの方が、諸外国の目から見れば不思議なことのはずです。なぜだったのでしょうか。

それは、**日本人にとっては、生徒や学生の親が、子供の授業料をちゃんと支払える程度の賃金をもらっていることが、あまりにも当たり前の前提になっていた**からでしょう。そもそも、生活給とは妻や子供たちが人並みの生活を送ることができるような賃金水準を労働者に保障するという意味がありますから、子供が高校や大学に進学することが普通のことになっていけば、その授業料まで含めて生活給ということになります。

おそらくこのことが、高校教育にせよ、大学教育にせよ、将来の職業人としての自立に向けた一種の投資というよりは、必ずしも元を取らなくてもよい消費財のように感じさせる理由となっていたのではないでしょうか。

つまり、公的な教育費負担が乏しく、それを**親の生活給でまかなう仕組みが社会的に確立していたことが、子供の教育の職業的意義を希薄化させた一つの原因**というわけです。

そうすると、そのことが逆に公的な教育費負担を行わない理由となります。もしその教育内容によって学校で身につけた職業能力が職業人となってから役に立つのであるならば、それは公共財的な性格を持ちますから、その費用を公的にまかなうことの説明がしやすくなります。それに対して教育内容が私的な消費財に過ぎないのであれば、そんなものを公的に負担するいわれはないということになりましょう。

つまりここでは、**日本型雇用システムにおける生活給と、公的な教育費負担の貧弱さと、教育の職業的意義の欠乏の間に、お互いがお互いを支えあう関係が成立**していたわけです。

4 職業的意義なき教育ゆえの「人間力」就活

「社員」の選抜基準

改めて、日本の会社がどういう基準で「社員」となるべき者を選抜するのかを考えてみましょう。その基準が、一九六九年の『能力主義管理』で掲げられた「職務遂行能力」、すなわち、いかなる職務をも遂行しうる潜在能力にあることはいうまでもありません。問題はそれをどのようにして確認するか、ということです。

会社に入ってからの人事管理であれば、それはまさに日々の作業ぶりを上司が観察することで、とりわけＯＪＴで未経験の仕事をしながらその仕事をいかに早く的確にこなせるようになっていくかを観察することによって、その「社員」の「能力」を評価することができます。そして、それを配置転換を重ねることにより複数の上司の目で繰り返し評価を行い、これを長期間積み重ねていくことにより、ますます的確な評価を下すことができます。長期雇用慣行の下で定期人事異動を繰り返すという人事管理には、そういう意味も込められているのです。

しかし、それらはすべて、「社員」として会社のメンバーに採用してからの話です。ところが、新規学卒者の場合は定義上、長期的に仕事ぶりを見極めて「能力」を確認するということが不可能です。あるいは少なくとも極めて困難です。なぜなら、定義上、会社に入社する四月一日の前の三月三一日まではその者は学生であり、その主な活動は学業にあるはずだからです。

一つの割り切りは、**新規学卒者の「能力」の代理指標として**その学歴水準、それもどのランクの大学に入れたか、ストレートにいうと、**どのランクの大学にしか入れなかったか、という指標を採用するという考え方**です。

先に述べた一九七〇年代から社会全体に広がった偏差値信仰というのは、企業が採用に当たっては、「能力」の代理指標として大学入試時の偏差値をもっとも信頼できる指標と考えるに違いない、という発想に基づくものだったのでしょう。それは、全く間違っているわけではなく、むしろ大まかにいえばそういう対応関係があることが企業側にも学生側にも、そして社会全体にも共有されていたことは間違いありません。

とはいえ、それはあくまでも大まかにいえばということであって、個々にみれば、「あの大学を出ていて、こんなろくでもない人材かよ」というような学歴否定論、正確に言えば「学歴だけではわからない」論も、現実の職場の中で繰り返しささやかれ、ときには声高《こわだか》に主張されてきたわけで、企業の立場からしても、学歴だけで採用してこと足れりというようなことは全くあり得ないでしょう。学歴は最低基準としては用いても、本当にその学生を採用するかどうかという段階では、やはり「社員」としての「能力」を何らかの形で把握しようと、一生懸命つとめることになります。

そして、それが、今日の「就活」と呼ばれる「入社」活動におけるさまざまな現象の大きな原因となっているのです。

ジョブ型社会の「職業能力」就活

日本であれ、欧米であれ、学生が企業に対して、自分が企業にとって役に立つ人材であることを売り込まなければならない立場にあるという点では何の違いもありません。違うのは、その「役に立つ」ということを判断する基準です。

欧米のようなジョブ型社会においては、第1章でみたように採用とは基本的に欠員補充ですから、自分はその求人されている仕事がちゃんとできるということをいかにアピールするかがもっとも重要になります。学生の場合、売りになる職業経験はないのですから、その仕事に必要な資格や能力を持っているということをアピールするしかありません。そのもっとも重要な武器は、卒業証書、英語で言うディプロマです。

欧米では、一部の有名大学を除けば入学するのはそんなに難しくはありませんから、ある大学に入学したことだけでは何の説得力もありません。むしろ、日本と違ってカリキュラムはハードで、ついてこられない学生はどんどん脱落し、卒業を迎える頃には同期の学生がだいぶ減っているというのが普通ですから、卒業証書こそがその人の能力を証明するものだと一般的に考えられています。

そして、ここが重要なのですが、その能力というのは、日本でいう「能力」、つまり一般的抽象的な潜在的能力のことではなく、具体的な職業と密接に関連した**職業能力**を指すのです。

卒業証書を学歴と言い換えれば、欧米社会とは言葉の正確な意味での学歴社会ということもできます。日本でいわれる学歴社会というのが、具体的にどの学部でどういう勉強をしてどういう知識や技能を身につけたかとはあまり関係のない、入学段階の偏差値のみに偏したものであるのに対して、欧米の学歴社会というのは、具体的にどの学部でどういう勉強をしてどういう知識や技能を身につけたかを、厳格な基準で付与される卒業証書を判断材料として判定されるものなのです。

こういう社会では、言葉の正確な意味での**もっとも重要な就「職」活動は、必死で勉強して卒業証書を獲得すること**になります。

ちなみに、こういうジョブ型社会ではあまりにも当たり前の行動を、日本社会で下手にやるととんでもない大騒ぎになることがあります。

かつて、ある大学の法学部で、既に企業に内定している四年生の学生に対し、必修科目の民法で不可をつけた教授の行動が、マスコミで取り上げられ、世論を賑わしました。入学時の偏差値と面接時の人間力判定で十分採用できると企業が考えているのに、本来何の職業的意義もない大学の授業における教授の成績評価によってできるはずの卒業ができなくなり、「入社」の予定が狂わされるのは、本末転倒である、と、少なくとも当時の日本社会の大多数の人々は考えていたということでしょう。

メンバーシップ型社会の「人間力」就活

それに対し、日本では実のところ「職」に就くという意味での「就職」活動ではない「入社」のための活動に、学生が振り回される……というのが、定番の議論になるわけですが、実を言うと、就職活動（「就活」）をめぐる議論は、第4章で述べる一九九〇年代における「入社」システムの縮小の前と後では、その位相がかなり変わっています。

第1章で述べたような日本型雇用システムが確立していた時期には、「自分の希望するところへ就職することは困難であるとしても、ほぼ間違いなく全員が自分の就職先を見つけ出すことができるようになってい」た時代ですから、もっぱら在学中からの就職活動が大学教育に悪影響を及ぼすという建前論からの批判が主でした。それゆえ、それに対する対策も、大学、業界団体及び官庁の間の就職協定という、強制力のない紳士協定によって、会社訪問の開始日と選考の開始日を定めてその遵守を申し合わせるというものでした。

そもそも職業的意義の乏しい教育を受けてきている学生たちにとって、そのような教育をどれだけきちんと身につけたかなどという基準ではなく、あいまいな潜在能力やら人格やらでもって判断されることは、決して悪い話ではなかったのです。

ある会社では「相性が合わない」として撥《は》ねられたとしても、別の会社では「うちの会社にぴったりだ」と歓迎されることもあり得ます。新卒労働市場全体としては一般労働市場に比べて遥かに売り手市場である以上、どこかには入り込めるという安心感がありましたから、基準のあいまいさそれ自体の問題性は、当時はほとんど議論されていませんでした。日本社会全体が、メンバーシップ感覚の中にどっぷりつかって、疑問を呈することすらなくなっていたというべきかもしれません。

ところが、九〇年代以降かなり急速に進んだ大学進学率の上昇と、日経連の『新時代の「日本的経営」』(一九九五年)を大きな画期とする「入社」システムの縮小の中で、「ほぼ間違いなく全員が自分の就職先を見つけ出すことができるようにな」るという前提までが崩れてくると、そういうあいまいな基準でどこにも「入社」先を見つけられないという事態があちらでもこちらでも発生してくるようになります。そして、そういった「人間力」による採用選考の在り方自体が問題意識に上ってくるようになったのです。

この「人間力」という言葉は、二〇〇〇年代に入ってから文部科学省や内閣府の政策文書に登場するようになった言葉ですが、前述した本田由紀氏は、『多元化する「能力」と日本社会 ハイパー・メリトクラシー化のなかで』（NTT出版）の中で、「生きる力」や「コミュニケーション能力」などそれらを取り巻くさまざまな言葉とあわせて、「ハイパー・メリトクラシー」と呼んでいます。それは、欧米社会における近代的能力からポスト近代的能力へという変化に対応する言葉ですが、日本の文脈ではむしろ、一九六九年の『能力主義管理』で掲げられた「いかなる職務をも遂行しうる潜在能力」に極めて近いものであることが重要です。

ここは大変入り組んでいて、理路を解きほぐすのがなかなか難しいのですが、もともと日本の企業では、そういう「人間力」というのは、「入社」してから上司や先輩の指導の下でOJTを繰り返していくことでじわじわと身につけていくものであって、それゆえ「社員」の人事評価においては極めて重要な基準ではあったとしても、「入社」を決定する時点でそれほど高い「人間力」を求められるような厳格な基準ではなかった、というのが重要なポイントでしょう。

労働社会全体としては日本型雇用システムが変容していき、「社員」の範囲が縮小するようになっていって初めて、それまで「入口」段階ではそれほど決定的な重要性を持たなかった**「人間力」が、それによって「社員」の世界に入れるか否かが決定されてしまう大きな存**

在として浮かび上がってきた、というのが、九〇年代以降の実相なのではないかと思われます。

5 「人間力」就活ゆえの職業なき「キャリア教育」

「キャリア教育」の登場

「キャリア教育」というのは奇妙な言葉です。九〇年代末まではほとんど使われることもなかった概念なのに、二〇〇〇年代には急速に教育政策の中で重要な位置を占めるようになり、中学、高校から大学に至るまで、キャリア教育が花盛りです。

その中身をみると、出発点の一九九九年の中教審（中央教育審議会）答申の言葉を引けば、「望ましい職業観・勤労観及び職業に関する知識や技能を身につけさせるとともに、自己の個性を理解し、主体的に進路を選択する能力・態度を育てる教育」ということになります。大きく分ければ、職業観・勤労観といった職業意識に関する教育と、職業に関する知識や技能を身につけさせるという、文字面だけでみればまさに職業教育そのものであるようなものからなっているように見えます。

この台詞《せりふ》をジョブ型社会に持っていって聞かせれば、それは広い意味の職業教育そのものだとしか解釈されないでしょう。狭い意味の職業教育は、高校レベルであれ、大学レベルであれ、まさにある特定の職業を前提としてその職業に関する知識や技能を身につけさせることですし、そういう教育機関では、単なる知識や技能にとどまらず、その職業を遂行する者としての心構えや職業倫理といったことについても教えられるはずだからです。

実際、日本で例外的にジョブ型労働社会を形成している医療分野では、医師にせよ、看護師にせよ、その養成課程の中で、その職業に即した「望ましい職業観・勤労観」が何らかの形で教えられています。これこそジョブ型社会の「キャリア教育」です。

ところが、日本で過去十数年間熱心に取り組まれてきたキャリア教育とは、そのような前提がない社会に向けて発信されてきた概念です。特定の職業を前提としない、前提にしようにもしようがない、そうした社会で育ってきた生徒や学生に対して、具体的な職業というよりどころの全くないまま、ただ「望ましい職業観・勤労観」や「職業に関する知識や技能を身につけさせる」ことを求めてきた概念です。**ジョブ型社会から見れば、ほとんど冗談にしかとれないような空疎な「キャリア教育」**です。

一般的職業教育の復活？

具体的な職業を全く前提としない、できないとしても、職業一般に通ずるような「望ましい職業観・勤労観」を養成するということ自体は、必ずしもおかしなことではありません。とりわけ、個別の職業教育課程に進んでいく前の義務教育段階では、そういう職業意識教育にはそれ独自の重要性があると思われます。

そして、これはおそらくほとんどの人にとって意外なことかも知れませんが、かつて終戦直後の日本には、そういう**一般的な職業意識教育が中学校の必修科目として置かれていたこともある**のです。「職業科」という名前で、農業、工業、商業、水産、家庭の諸科目と職業指導を合わせ、一般教育、職業指導及び職業準備という三つの目標を持つものとして設けられたのです。

当時の文部省検定済「職業指導」教科書を見ると、「われらの進路」「職業の研究」といった導入から始まって、さまざまな産業のさまざまな職業について一つ一つ概観していき、さらに後半では「労働運動」や「労働保護」といったことまでしっかりと教えようとしていたことがわかります。

ところが、その趣旨は教育現場では理解されず、ほとんどなおざりになり、一九五一年には職業・家庭科として生活技術学習とされました。さらに一九六二年からは技術・家庭科として、男子向けには工業科中心の内容、女子向けには家庭科中心の内容となり、職業指導の側面は全く消えてしまったのです。

このように、長らく失われていた一般的職業教育の復活という目で見れば、キャリア教育のこの側面は必ずしもおかしなものではないということはできます。しかしながら、ジョブ型社会を前提としてそのための職業教育の総論的な位置づけで行われたかつての職業指導と、縮小しつつあるメンバーシップ型社会を前提にせざるを得ない今日のキャリア教育では、自ずからその方向性や内容が異なるものとならざるを得ません。

そのもっとも典型的な例が、これは近年よく指摘されることですが、学校のキャリア教育で、正社員として就職（「入社」）できれば生涯所得はこれだけたくさんもらえるけれど、非正規労働者などになったらこんなに少ないぞ、と生徒や学生を脅かし、**何が何でも正社員として就職しなければならないという思いに駆り立てるようなことが行われる**という事態でしょう。

就活スキル教育

より深刻なのは、いかなる具体的な職業も前提にしないまま行われる、「職業に関する知識や技能を身につけさせる」キャリア教育です。ジョブ型社会から見ればほとんど自己矛盾の言葉としか思われませんが、日本的な「社員」の世界を前提にすれば、必ずしもそうではないことがわかるでしょう。

そう、「いかなる職務をも遂行しうる潜在能力」であり、「人間力」です。そして、前述したように、九〇年代以降、「社員」の範囲が縮小していき、それまで「入口」段階ではそれほど決定的な重要性を持たなかった「人間力」が、それによって「社員」の世界に入れるか否かが決定されてしまう大きな存在として浮かび上がってくると、そういう「人間力」を身につけるための教育がキャリア教育として行われるということになっていきます。

一言で言えば、**就活の場で企業にいい印象を持ってもらうことができるためのスキルを身につける教育**です。

しかしながら、所詮ＯＪＴで長期にわたって観察するのではない以上、就活時点で示される「人間力」など大したものになるはずはありません。コミュニケーション能力だの、積極性だの、協調性だの、強調すればするほど、本の題名ではありませんが『就活のバカヤロー企業・大学・学生が演じる茶番劇』（石渡嶺司・大沢仁著、光文社新書）といいたくなるでしょう。

しかし、それはまだ「社員」になったら否応なく必要になる能力なのだからやむを得ないと考えることもできます。もっと奇妙なのは、「社員」になった後にはもはや何の意味もなくなるのにもかかわらず、近年の就活ではあたかももっとも重要なポイントであるかのごとく強調されている**「自己分析」**なるものです。

具体的な職業もそれに必要な資格・能力も意識されないまま、心理学の装いで行われる就活としての「自己分析」「自己評価」というものほど、全くあいまいで「入社」という観点からさえ何の根拠も見いだせないものはありませんが、就活スキルが自己目的化した究極の姿として、社会学的分析の素材としては興味深いものかもしれません。

6 教育と職業の密接な無関係の行方

このように日本型雇用システムと日本の教育システムとは、お互いが原因となり結果となりながら、極めて相互補完的なシステムを形作ってきたといえます。それは、一言で言えば**「教育と職業の密接な無関係」**とでもいうべきものでした。

受けた学校教育が卒業後の職業キャリアに大きな影響を与えるという意味では、両者の関係は極めて密接です。しかしながら、学校で受けた教育の中身と卒業後に実際に従事する仕事の中身とは、多くの場合あまり（普通科高校や文科系大学の場合、ほとんど）関係がありりません。これを再三引用している本田由紀氏は「赤ちゃん受け渡しモデル」と呼んでいます。職業能力は未熟でも、学力等で示される潜在能力の保証に基づき、新規学卒一括採用された若者を企業が自社に合う形に、とりわけ職場のOJTを通じて、教育訓練していくという回路が回転している限り、極めて効率的なシステムでした。

しかし、次章以降で詳しくみていきますが、その回路からこぼれ落ちる若者が大量に発生するという事態の中で、単なる弥縫策《びほうさく》ではなく、雇用システムと教育システムの双方で本質的な解決を図る必要性が浮き彫りになってきました。

雇用システムの側における議論は次章以降で行いますが、それは必然的に教育システムの側に跳ね返ってきます。具体的には、現在の大学、とりわけ量的に大部分を占める文科系大学の在り方に対し、抜本的な見直しを要求することになるはずです。大学の教育内容が就職後の仕事と無関係な形で膨れあがってきたことが、学生が大学で学んだ中身ではなく「人」としての潜在能力で評価する仕組みを助長してきた面があることは明らかだからです。

今までの「素材はいいはずですから是非採用してやってください」という受験成績による素材の保証主義ではなく、「これだけきちんと勉強してきた学生ですから、それは保証しますから、是非採用してやってください」というあるべき姿に移行するためには、**大学教育の中身自体を職業的意義の高いものに大幅にシフトしていく必要がある**でしょう。

とはいえ、その過程においては、非実学系の大学教師の労働市場問題が発生し、大騒ぎになる可能性が高いと思われます。ある意味では、企業が職業的意義のある教育を求めてこなかったがために、そして生活給制度の下で、職業的意義のない教育に対しても親が教育費をまかなうことができていたがゆえに、本来であれば存続し得ないほど大量の非実学系大学教師のポストが確保されていたといえなくもありません。しかし、学生の職業展望に何の利益ももたらさないような大学教師を、総量としてどの程度社会的に維持しなければならないかについては、社会全体で改めて考える必要があるはずです。

これこそ、**日本的な教育と職業の密接な無関係の上に成り立っていた「不都合な真実」**なのでしょう。

第4章 「入社」システムの縮小と排除された若者

1 日経連『新時代の「日本的経営」』の実現と非実現

一九九〇年代の変容

以上三章にわたってその仕組みを詳しくみてきた日本型雇用システムにおける若者雇用の在り方が、大きく変容していったのが一九九〇年代です。それは一言でいえば、メンバーシップ型の「入社」システムが縮小し、そこに入ることができずに排除されてしまった若者が大量に発生したことですが、それだけではなく、運良く「入社」できた若者の働き方にも一定の変容が押し寄せてきました。

本章ではまず、「入社」システムから排除された若者たち、フリーターやニートという新しい言葉で描かれるようになった、若い世代の非正規労働者や無業者たちについて取り上げることとします。

しかし、その前に、そういった変容の全貌をあらかじめある程度図式的に把握するのに有用と思われる、経営団体によるある政策文書の内容について若干詳しくみておきたいと思います。それは、一九九五年に日経連が公表した『新時代の「日本的経営」』という報告書です。これは、一九六九年の『能力主義管理』と並んで、日本企業の人事管理の在り方について理論的かつ包括的にその方向性を提示したもので、今日においてもその重要性は極めて高いものがあります。

後述するように、その後の若者雇用の在り方は、ある面ではまさに同報告書の方向に進んでいったといえるのですが、他の面では全く実現しなかったともいえます。何が実現し、何が実現しなかったのか、その理由はどこにあったのか、といったところに、過去二〇年以上にわたる若者雇用問題の本質を解く鍵が隠されているともいえるのです。

『新時代の「日本的経営」』の思想

『新時代の「日本的経営」』の基本思想を一言でいえば、これまでの日本型雇用システムを全面的に肯定するのでもなく、全面的に否定するのでもなく、「雇用ポートフォリオ」という名の下に、三つのグループを設けて、それぞれにふさわしい人事管理の在り方を作っていこうとするものであったといえます。

この三つのグループ分けは極めて有名ですから、読者の皆さんも聞いたことがあるのではないかと思います。

第一は、従来の長期継続雇用という考え方に立って、企業としても働いてほしい、従業員としても働きたいという「**長期蓄積能力活用型グループ**」です。

第二は、企業の抱える問題解決に、専門的熟練・能力をもって応える、必ずしも長期雇用を前提としない「**高度専門能力活用型グループ**」です。

そして第三が、職務に応じて定型的業務から専門的業務までさまざまな、従業員側も余暇活用型から専門的能力の活用型までいろいろといる「**雇用柔軟型グループ**」です。

各グループの性格付けについて、同報告書に載っている図を示しておきましょう（一四四ページ図表2・3）。三つのグループが一部重なり合いながら並んでいる構図が印象的です。

ここで一点だけ注意を喚起しておきますが、「雇用ポートフォリオ」という言葉はこの報告書で初めて出てきたものですが、それまでの日本企業もやはりある意味で雇用ポートフォリオを作っていたのです。

「正社員」とパート・アルバイト型の「非正規労働者」という二分法だって、雇用ポートフ

図表２　企業・従業員の雇用・勤続に対する関係

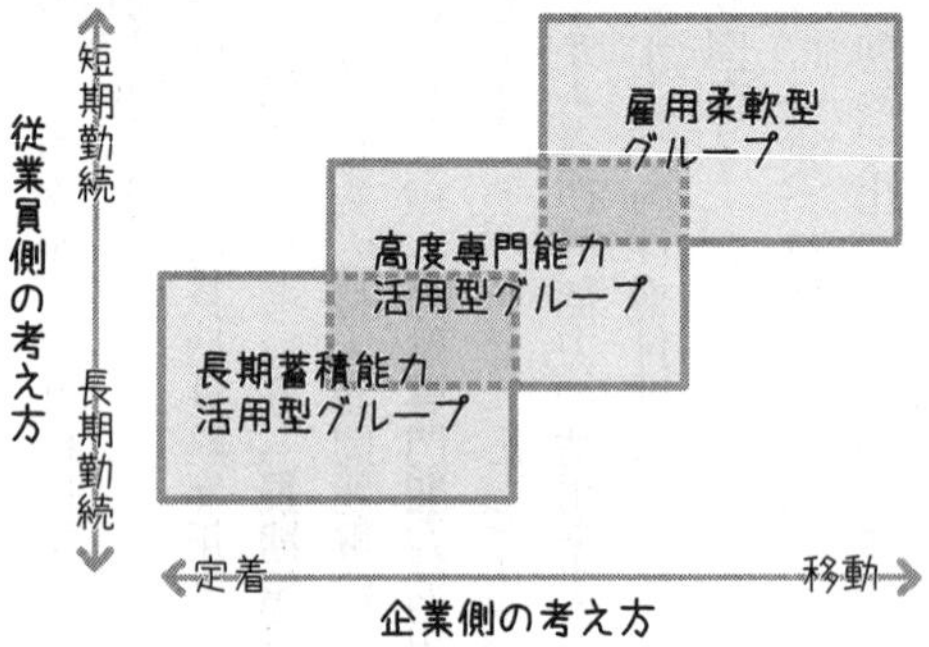

注１●雇用形態の典型的な分類
注２●各グループの移動は可

図表３　グループ別にみた処遇の主な内容

	長期蓄積能力活用型グループ	高度専門能力活用型グループ	雇用柔軟型グループ
雇用形態	期間の定めのない雇用契約	有期雇用契約	有期雇用契約
対　象	管理職・総合職・技能部門の基幹職	専門部門（企画、営業、研究開発等）	一般職 技能部門 販売部門
賃　金	月給制か年俸制 職能給 昇給制度	年俸制 業績給 昇給なし	時間給制 職務給 昇給なし
賞　与	定率＋業績スライド	成果配分	定率
退職金・年金	ポイント制	なし	なし
昇進・昇格	役職昇進 職能資格昇格	業績評価	上位職務への転換
福祉施策	生涯総合施策	生活援護施策	生活援護施策

ォリオには違いありません。ただし、その伝統的雇用ポートフォリオにおいては、新規学卒者は「ほぼ間違いなく全員が自分の（正社員としての）就職先を見つけ出すことができるようになっている」一方で、非正規労働者はほとんどもっぱら、主に家事を行う主婦パートか、勉強が本分の学生アルバイトと相場が決まっていました。その意味では、この報告書が打ち出したのは、雇用ポートフォリオの組み替えであったというべきでしょう。

長期蓄積能力活用型の収縮と高度化

長期蓄積能力活用型というのは、それまでの**正社員モデルを改めて定式化したもの**ですが、その適用対象は、管理職、総合職、技能部門の基幹職に限定されています。今までのように、パート、アルバイト以外はみんな正社員という人事管理はやめるということです。この点だけをとれば、正社員の収縮と呼ぶことができるでしょう。しかし、この報告書の目指すものはそれだけではありません。

正社員は量的に収縮するだけではなく、質的にも高度化することが求められるのです。それはまず賃金制度に示されます。従来の年功的定期昇給制度を再検討し、より業績を重視した職能昇給に移行するとか、一定資格以上は年俸制を導入するなどと、脱年功制の色彩が打ち出されています。

もちろん、『能力主義管理』以降の賃金制度もある意味ではそれまでの生活給的年功制から脱却して職務遂行能力をじっくり査定して昇給していくという考え方だったわけですが、とはいえ、潜在能力の評価というのはなかなか難しく、現実の運用はどうしても年功的にならざるを得なかったことが、ここで改めて職能昇給という言い方が出てくる背景にあるのでしょう。

それとともに、新たな発想として、一定資格以上は、洗い替え方式により必ずしも毎年昇給していくとは限らないようにし、業績を反映する年俸制を導入することも示されています。ここには、九〇年代に日本企業で非常に流行した「成果主義」的な発想が入り込んでいることが窺われます。

これと併せて、ホワイトカラーの生産性向上という建前の下に、労働時間管理を多様化し、働いている時間の長さではなく、働いた成果によって評価し処遇するという視点も打ち出され、全体としてこの長期蓄積能力活用型グループに対しては、少数精鋭的イメージが強められていることは間違いありません。

この**正社員の少数精鋭化**という思想が、第6章でみていく「入社」システム内部の変容をもたらしていくことになるのですが、ここではそれだけにとどめておきます。

雇用柔軟型の拡大

雇用柔軟型も、それまでの**パート、アルバイト型非正規労働者モデルを再定式化したもの**です。報告書によれば、雇用柔軟型の対象となるのは、一般職、技能部門、販売部門、と非常に広範な領域が示されており、これまで正社員モデルの中に包含されてきたこういう労働者群が、まとめて時間給制、職務給、昇給なしの有期雇用契約の世界に入っていくというイメージが示されているのです。

しかしながら、この報告書は結構な分量である割には、長期蓄積能力活用型の人事管理、賃金制度についてばかり詳しく論じていて、大きく拡大するはずの雇用柔軟型については、あまり具体的なイメージを示していません。

ただし、前記説明の中で、「定型的業務から専門的業務まで」とか、「余暇活用型から専門的能力の活用型まで」という言い方をしているところから窺われるように、専門的能力を活用して専門業務に従事するような労働者まで含めて「雇用柔軟型」というカテゴリーに放り込む可能性を示していたことは、もう一つのグループである「高度専門能力活用型」との関係が極めて不明確であることと考え合わせると、その後に起こった事態との関係で、極めて示唆的であったように思われます。

高度専門能力活用型の創設

これに対して、高度専門能力活用型というのは、今まで三つの柱の一つというような重要な位置付けでは全く存在したことのなかったモデルです。そのため、報告書の記述もいったいどういうレベルの労働者層を具体的にイメージしているのか、よくわからないところがあります。

高度専門能力活用型の対象となるのは、専門部門（企画、営業、研究開発等）とされ、雇用形態は有期雇用契約で、賃金は年俸制、業績給、昇給なし、とされていますが、企画や営業というのは、まさに今まで正社員モデルの中核をなしていた職務ですし、研究開発は技術系のある意味でジョブ型の職業キャリアを前提とした正社員モデルであったわけで、賃金制度を成果主義的にするというのはともかく、なぜ雇用形態が有期契約でなければならないのかも説明がありません。

いうまでもなく、「必ずしも長期雇用を前提としない」ということと雇用契約が有期であるということには何ら論理的因果関係はありません。欧米の普通の労働者はジョブに基づき雇用されていますが無期契約が普通で、期間が満了したからといって一方的に追い出されるわけではありません。

何より問題なのは、「高度専門能力」といいながら、それがどの程度の「高度」を想定しているのか、裏側からいえば、雇用柔軟型に含まれるとされている専門的能力を活用して専門業務に従事するような労働者とどこが違うのか、さっぱりわからないことです。

結局、**長期蓄積能力活用型を縮小して雇用柔軟型を増やすというだけでは批判を浴びると考えたため、その間に実体の不明確な高度専門能力活用型というカテゴリーをこしらえてみただけだった**といわれても仕方がないようにも見えます。

高度専門能力活用型を意図した法改正

とはいえ、この報告書が出てから一〇年近くの間に、この高度専門能力活用型グループの創設をイメージしたと思われるいくつかの法改正がされています。

一つは労働基準法でそれまで**上限一年とされていた労働契約の期間**について、一九九八年の改正で**高度な専門的知識、技術、経験を有する者を新たに雇い入れる場合などには上限が三年**とされ、さらに二〇〇三年の改正では**五年契約まで可能**となったことです。これは一つの労働契約の期間の制限であって、それが更新されることには何の制約もない規制ですが、少なくとも高度専門職向けの制度ということを表看板になされた改正という意味では、日経連報告書に対応していることは確かです。

もっとも、同じ二〇〇三年改正では高度専門職でなくても労働契約の期間の上限が三年とされましたし、そもそも有期契約の反復更新に何らの制限もされていなかったのですから、現実には高度専門職であろうがなかろうが有期契約の反復更新で活用するというニーズを妨げるものはなかったというべきでしょう。その意味では、この改正は高度専門能力活用型向けを謳《うた》いながら、実際にはもっぱら雇用柔軟型の拡大に役立ったものと評価できるでしょう。

もう一つの改正は、**労働時間法制における裁量労働制の拡大**です。もともと一九八七年の労働基準法改正でいわゆる専門業務型裁量労働制が導入され、研究開発等の専門業務には事実上労働時間規制が排除されていましたが、一九九八年の同法改正により企画業務型裁量労働制が導入され、本社部門の企画、立案などの業務についても事実上残業代を払わなくてもよくなりました。二〇〇三年改正ではこれが支社、支店にも拡大されましたが、この間の規制緩和においてもその正当化理由として「高度な専門能力を有するホワイトカラーなどの新しい労働者像」が繰り返し語られました。

とはいえ、現実には本社や支店で企画、立案業務に携わるのは長期蓄積能力活用型の正社員でしかなかったのですから、この改正もまた、高度専門能力活用型向けを謳いながら、実際にはもっぱら長期蓄積能力活用型の少数精鋭化、日経連報告書の言葉を借りれば、「働いている時間の長さではなく、働いた成果によって評価し処遇する」ことができるようにするための改正であったと評価できるでしょう。

どちらの改正においても、主たる目的は雇用柔軟型の拡大と長期蓄積能力活用型の少数精鋭化であったとすると、高度専門能力活用型なる第三のグループは、そういう改正を可能にするために創作された当て馬のようなものだったのかもしれません。

2 バブル期のうらやましい「フリーター」

「フリーター」認識の遅れ

さて、現在の時点からは、一九九〇年代というのは、それまで「自分の希望するところへ就職することは困難であるとしても、ほぼ間違いなく全員が自分の就職先を見つけ出すことができる」はずであった若者たちが、入れるはずの正社員システムから排除され、フリーターという名の低賃金・不安定雇用の非正規労働者の道をたどらざるを得なくなっていった時代であると、ほぼ共通の認識が成立していますが、実はそのような認識が確立したのは二〇〇〇年代の半ば近くになってからです。

今となっては今昔の感すらありますが、若者の非正規労働者化が急激に進行していた一九九〇年代には、世間の大勢はそのようには認識していませんでした。むしろ、「今どきの若者論」として、「近頃の若者は、正社員として就職しようともせず、いつまでもアルバイトで生活しようとしているようだ。困ったものだ」という議論が、繰り返し語られていたのです。

いわゆる「**夢見るフリーター像**」です。

もちろん、いつの時代でも中高年は自分たちを尺度にして若者を語りがちなものですが、九〇年代から二〇〇〇年代にかけて、後に確立する排除されたフリーター像がなかなか世間に一般化しなかった大きな理由としては、その直前のバブル景気の時代に「フリーター」概念が成立していたという事情があります。

「フリーター」の語源

「フリーター」という言葉の語源については、ネット上の百科事典であるウィキペディアに詳しい説明があります。その初めの方は私も知らなかったことですが、興味深いので引用しておきたいと思います。

それによると、一九八五年五月に、都内でライブ活動をしていたシンガーソングライターの長久保徹氏が、夢に向かって自由な発想で我が道を走り続けた幕末の坂本龍馬が好んで発したという英語の「フリー」に、ドイツ語のアルバイターを連結して「フリーアルバイター」を造語したのだそうです。

翌一九八六年三月に、『朝日新聞』にフリーアルバイターという造語が紹介されたのを機に、各新聞社が取り上げ、全国的に流行語になっていきます。そして、一九八七年にリクルート社のアルバイト情報誌『フロム・エー』の編集長だった道下裕史氏が、このフリーアルバイターをフリーターと略し、映画『フリーター』を制作し公開したことで、フリーターという言葉が定着したということです。

困った今どきの若者の典型としてのフリーター

この道下氏は、後の二〇〇一年に『エグゼクティブフリーター　現実をおそれない自分らしい生き方』（ワニブックス）という本を書き、夢に向かって頑張っている若者を応援しようとしたのだと主張しています。それはおそらく、本人の主観としては掛け値なしの本音だったのだろうと思います。

彼が制作した『フリーター』という映画は、このような内容だったそうです。

……石巻健次は大学浪人中ながらアルバイトに精を出し、友人の志水隆がつくった〝フリーター・ネットワーク〟というアルバイトの人材派遣サークルに参加していた。メンバーは彼のほか津村香織という女の子が一人。……あるとき隆や健次らネットワークのメンバーは香織の父親の経営するディスカウント・ショップで働くことになった。だが、店は経営不振で借金のかたに権利書を相沢に取られてしまう。プロとアマの仕事ぶりの違いを見せつけられた……健次は悔しさでいっぱいだったが、今はどうすることもできなかった。……健次はパソコン狂の友人・五十嵐トオルとの雑談をふと思い出した。
「日本では型遅れになったＬＳＩチップでも、海外では必要としてはいないだろうか？」
ついに健次は隆ら〝フリーター・ネットワーク〟のメンバーと本格的なビジネスに乗り出した。……

荒唐無稽な内容であることはいうまでもありませんが、フリーターがプロの仕事師と堂々とビジネスで勝負するというストーリーに、自らエグゼクティブフリーターを名乗る道下氏の思いが表れているのでしょう。

この映画自体は全くヒットしませんでしたし、今では記憶している人もほとんどいないでしょうが、こういう「夢に向かって挑戦するフリーター」像が、良いフリーターモデルとしてマスコミにもてはやされていたことが、それを**苦々しく感じる中高年世代に、困った今どきの若者の典型としてのフリーター像を植え付けていった大きな原因であった**ことは確かなように思われます。

3　バブル崩壊後の悲惨な「フリーター」

学卒労働市場の縮小

ところが、一九九〇年代に現実に進行していったのは、先に見た日経連の『新時代の「日本的経営」』で示されたように、これまで新規学卒採用という形で雇用の場を確保してきた長期蓄積能力活用型を縮小高度化し、少数精鋭化していくというものでした。

バブル崩壊後の景気後退でただでさえ新規採用の枠が狭められているところへ、こうした企業の採用行動の変化が追い打ちをかけることにより、これまで「自分の希望するところへ就職することは困難であるとしても、ほぼ間違いなく全員が自分の就職先を見つけ出すことができる」はずであった若者たちが、大量に正社員の枠からはみ出すこととなったのです。

この動きが特に急激だったのは新規高卒労働市場でした。新規高卒者への求人数は、一九九二年に一六七万人だったのが、二〇〇一年には二七万人と六分の一に縮小したのです。同時にその内容も、大規模や中堅規模の企業から小規模企業にシフトしました。これまで学校経由の就職によって守られていたはずの高卒者たちが、突然そこから放り出されてしまったのです。

高卒の就職難もあって九〇年代以降も増加の一途をたどった大学進学者たちも、いざ卒業を目の前にし、就職しなければならなくなると、やはり厳しい労働市場に直面することになりました。同じ一九九一年から二〇〇一年の間に、就職希望者数は二九万人から四二万人に増加する一方で、新規大卒者への求人数は八四万人から四六万人へとほぼ半減したのです。後にこの時期のことを「**就職氷河期**」と呼び、その時期に直面することとなった世代を「**氷河期世代**」と呼ぶようになったことは、読者も周知のとおりです。

フリーターの増加

こうして、正社員就職できなかった若者たちは、そのまま失業者となるか、(雇用保険の受給資格もないために) それが許されなければ、在学中にアルバイトという形でなじんでいた非正規労働にとりあえず入っていくしかありませんでした。彼らは別段シンガーソングライター氏やエグゼクティブフリーター氏のように自由を求めたわけでもないのに、バブル期の用語をそのまま当てはめられて「フリーター」と呼ばれるようになっていきます。

二〇〇一年版の『労働経済白書』は初めて若者雇用問題を正面から取り上げ、フリーター

図表4 フリーター数の推計（男女計）

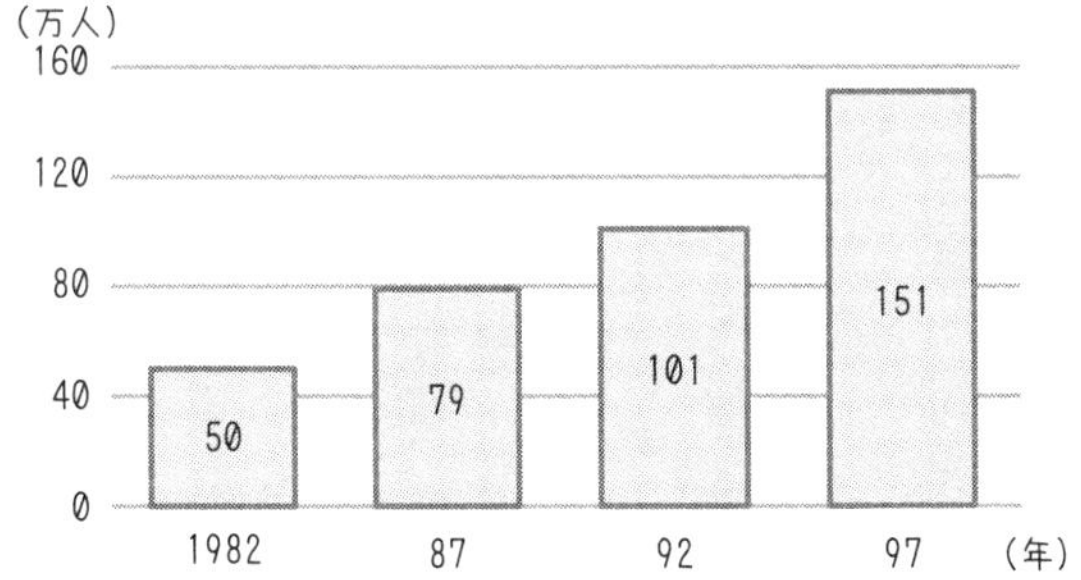

注●フリーターについては、年齢が15～34歳で以下の❶❷の者とした

❶現在就業している者については、勤め先における呼称が「アルバイト」または「パート」である雇用者で、男性については継続就業年数が１～５年未満の者、女性については未婚で仕事を主にしている者

❷現在無業の者については、家事も通学もしておらず「アルバイト・パート」の仕事を希望する者

を「年齢15～34歳、卒業者であって、女性については未婚の者とし、さらに①現在就業している者については勤め先における呼称が『アルバイト』又は『パート』である雇用者で、②現在無業の者については家事も通学もしておらず『アルバイト・パート』の仕事を希望する者」として定義して集計し、これが九〇年代に急増したことを示しました。

もっとも、雇用ポートフォリオという意味では、それまでの日本も新規学卒から定年退職までの正社員と、主婦パートや学生アルバイトの非正規労働者からなる二層構造でしたから、九〇年代の変化もその間のバランスが変わっていっただけで、正社員と非正規労働者との二層構造には変わりがないともいえます。

しかしながら、それまでは学校卒業とともに正社員として就職するのが当たり前だった日本社会において、そうしない（実はできない）若者たちが大量に出現したことは、社会に大きなインパクトを与えました。

「フリーター」の「甘え」批判言説

現在の時点から見れば、九〇年代に急拡大したフリーターの若者たちの大部分が、前記のような景気後退と企業行動の変化によって否応なく非正規労働を余儀なくされた者であったというのは極めて常識的な認識ですが、当の九〇年代にはそのような認識はほとんど持たれていませんでした。

当時の雑誌などで、彼らフリーターがどういう目で見られていたのかについて、本田由紀氏の『軋《きし》む社会』（双風舎）からの孫引きですが、少し見ておきましょう。


たとえば雑誌『ＡＥＲＡ』九六年二月一二日号の特集記事「とりあえずスネかじり若年失業率急上昇の原因」では、「職に対する切迫感の欠如は、この年代の若者に広く蔓《まん》延《えん》しているようだ」、「不況といわれても、餓死する人はいない。今の若い人に食うために働くという意識はほとんどないでしょう。だから、『自分がやりたいことがないから働かない』という考えが成立する」、「ぜいたくしないで、早く定職につけといいたい」などの文言が見いだされる。

こうした「豊かな親に依存する若者」という「フリーター」観は、九〇年代末に「パラサイト・シングル」という言葉が登場し、普及したことによって、より確固たるものとなる。また、二〇〇四年の香山リカ『就職がこわい』などでは、「選べない」「立ちすくむ」「不安」など、主体性を欠き、選択できない病理的な若者が「フリーター」であるというバリエーションがあらわれる。

二〇〇四年頃からはこれに加えて「ニート」という言葉が、失業者と無業者を包含する元の英語とはかなりずれた形で、引きこもり的なニュアンスをもって流行し、**働こうにも働けない若者に対するバッシング的な機能を果たしていきます**。こう見てくると、社会的な問題を個人心理に帰着させる発想が、この時期の若者論には濃厚であったといえます。

いずれにせよ、序章で述べたように二〇〇〇年代半ばになるまで日本には若者雇用政策が存在しなかったのですが、現実社会で若者たちに雇用問題が発生し始めてから一〇年あまりもの間それが政策化しなかった最大の理由は、**バブル期に淵源する自由な「フリーター」像**

が九〇年代を通じてあまりにも社会全体を呪縛し、現に目の前にある若者雇用問題をそれとして素直に認識することを困難にさせていたからであろうと、今の時点から振り返ればそう思われます。

4 取り残された年長フリーター

年功賃金制の下で次第に開いてくる格差

しかし、九〇年代にフリーターがもっぱら若者の意識の問題と捉えられ、深刻な雇用労働問題と認識されなかった理由としては、日本型雇用システムにおける年功賃金制の下においては、若年期には正社員（正規労働者）の賃金水準もそれほど高くなく、フリーターとして働く若年非正規労働者との格差が目に見えにくかったこともあるように思います。

新規学卒者が正社員として就職できずにフリーターとして働きだした当初の数年間は、図表5に見るようにもちろん格差はあるとしても、それほど大きな開きがあるわけではありません。

若い頃は安月給で馬車馬のように働くのが当たり前だ、と多くの人が思っている世の中で

図表5　年齢階級・雇用形態別賃金

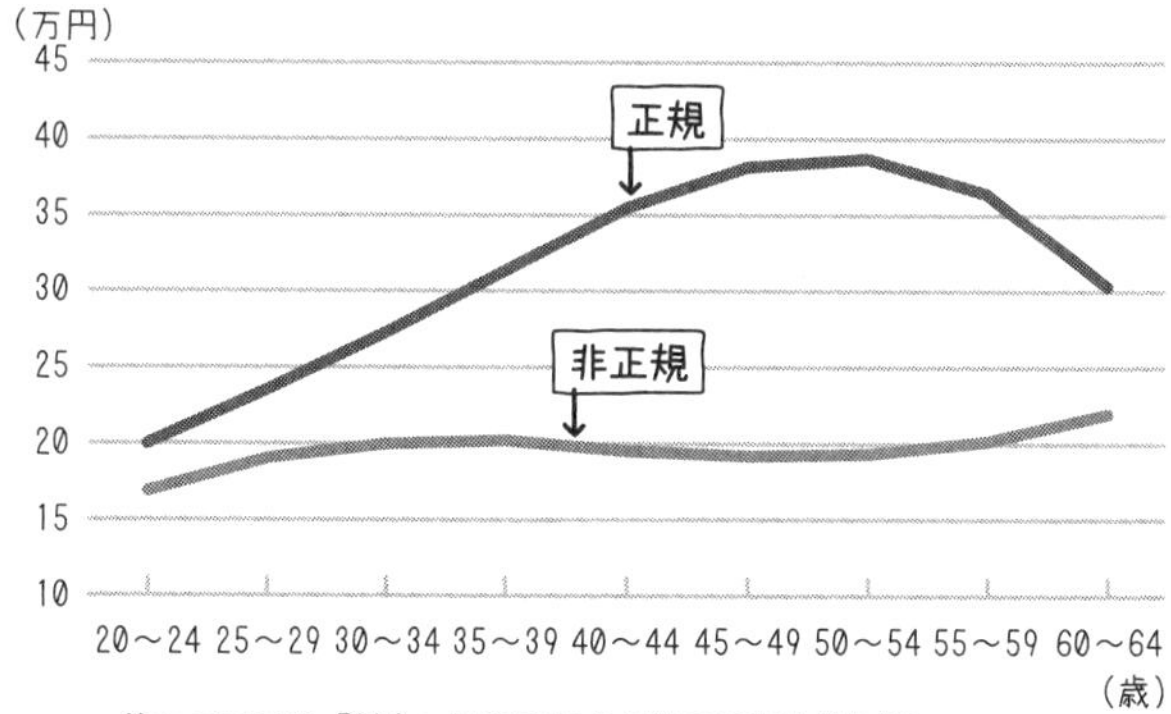

注●ここでの「賃金」は2009年６月分の所定内給与額

は、むしろ、正社員として重い責任を負わされて、長時間労働を余儀なくされている同世代の若者に比べて、少しばかり賃金水準は低いとしても、責任は軽く自由時間も多いフリーターは、必ずしも悲惨な存在とは思われなかったという事情が大きいのではないでしょうか。

しかしながら、**正社員と非正規労働者との間の賃金カーブの乖離《かいり》は、年齢とともにじわじわと進んでいきます**。卒業して間もない頃にはそれほど大きな格差とは意識されなかったものが、年齢が高くなり、正社員の賃金が着実に上昇していく中で、否応なく大きな格差として意識されるようになってきます。

つまり、フリーター問題は、新規学卒者がフリーターになり始めた頃には社会問題として認識されにくく、彼らが非正規労働力として賃金が上昇しないまま滞留するようになって初めて、社会的な格差問題として認識されるようになるという構造があったのです。彼らは**「年長フリーター」**と呼ばれるようになりました。このように社会の見る目が変わり始めたのは、二〇〇〇年代に入ってからでした。

年長フリーターの問題化

年長フリーター問題が意識されるようになったもう一つの背景としては、二〇〇一年から二〇〇七年にかけて、日本経済が緩やかな景気回復の軌道に乗っていたことが挙げられます。このため、新規学卒者の就職状況も一九九〇年代の氷河期に比べれば若干緩和されていき、そのため卒業時に非正規就労を余儀なくされる若者の数も、若干ずつですが、減り気味で推移していったのです。

もちろん、正社員を少数精鋭化するという経営側の発想自体が変わったわけではありませんでしたが、当時マスコミで喧伝《けんでん》された「日本型雇用の崩壊」などという煽り文句とは裏腹に、長期蓄積能力活用型グループはきちんと確保するという行動様式が、景気回復の中で新規学卒求人の増加という形をとったということでしょう。

これはしかし、二〇〇〇年代の新規学卒者にとってはそれなりに喜ばしいことであったといえるかもしれませんが、九〇年代の就職氷河期に正社員になり損ねてしまった世代にとっ

図表6　年齢階級別フリーター数の推移

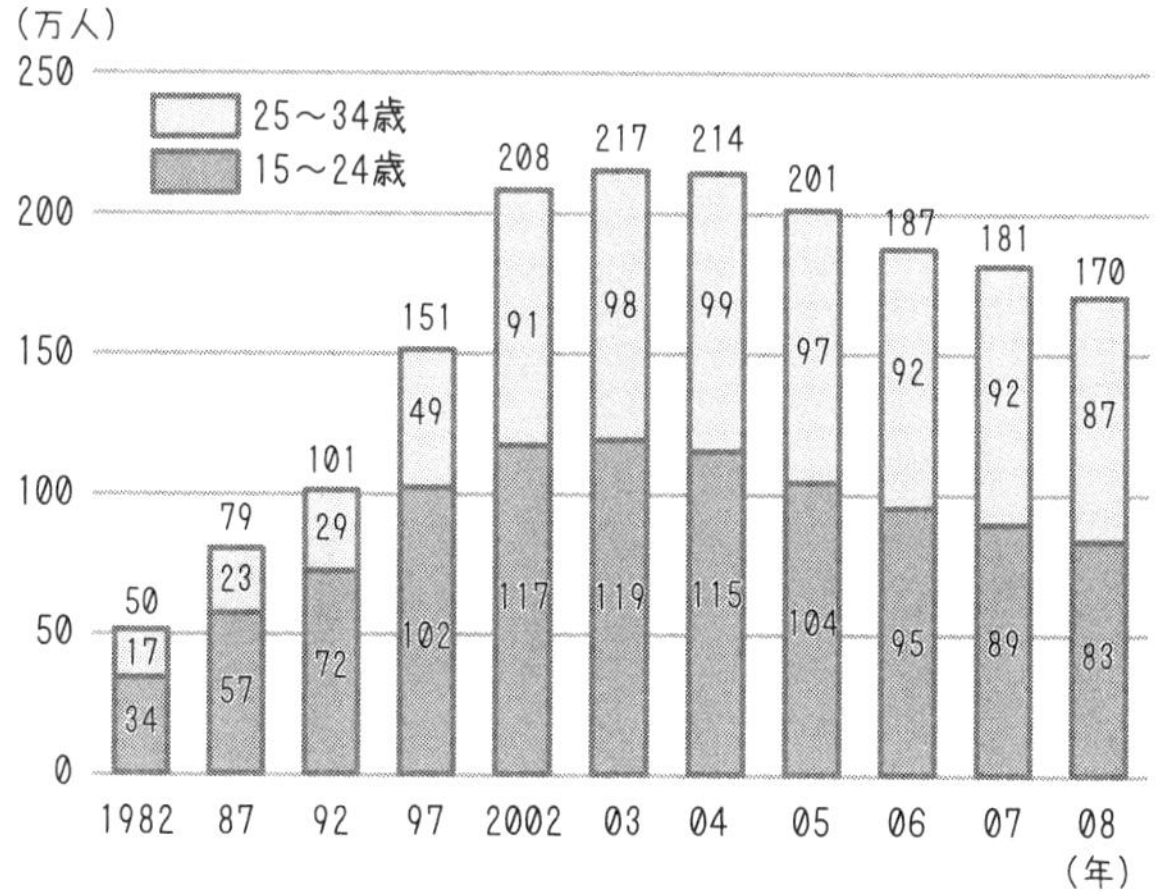

ては、下の世代に置いてけぼりを食らうという、より悲惨な事態でもあったのです。

図表6は二〇〇九年版『労働経済白書』からとったものですが、二〇〇〇年代の景気回復期を通じて、一〇代後半から二〇代前半の卒業からそれほど時間の経っていない若者のフリーター数は、二〇〇三年の一一九万人から二〇〇八年の八三万人へと三六万人も着実に減少しているのに対して、二〇代後半から三〇代前半のいわゆる年長フリーター層は、同じ時期に九八万人から八七万人と一一万人減にとどまっています。

日本型雇用システムの新規学卒採用方式は、「企業に採用してもさしあたっては何の役にも立たないような、職業経験も知識も何も持たないような」新規学卒者を好んで採用してくれるという意味では、まさに**新規に学校を卒業しようとしている若者にとっては大変ありがたいシステム**ではあります。

しかし、たまたまその時期に就職氷河期にぶつかってしまい、縮小する正社員就職の枠に入り損ねてしまったかつての若者にとっては、そしてそのまま正社員になれずフリーターとして年を重ねていった**年長フリーターたちにとっては**、せっかく景気が回復して求人が増えてきているにもかかわらず、それが自分たちより年下で、**職業経験もない新規学卒者にみすみすその求人をとられていくという過酷なシステム**でもあったわけです。

ここにも、ある種の「若者の味方」論者の喧伝するところとは逆に、若者の方が得をし、中年に近づくほど不利益を被るという、日本型雇用システムのありようが垣間見えるといえるでしょう。

こうした事態の展開の中で、二〇〇〇年代半ばからようやく政府も若者雇用政策に足を踏み出していきます。

第5章 若者雇用問題の「政策」化

1 若者雇用問題がなかった二〇世紀

改めてここで、序章で述べた日本と欧米諸国の対比に立ち戻りましょう。

日本の厚生労働省に厚生労働省組織令という公式的な形で若年者雇用対策室が設置されたのは二〇〇四年で、まだ一〇年も経っていません。それ以前は業務調整課の中の単なる事務分掌として若年者雇用対策係があっただけですが、その係自体、二〇〇一年にそれまでの学卒係が改称されたもので、言い換えれば二一世紀になるまで、日本国政府には新規学卒者対策以外の若年雇用政策というのは存在しなかったということになります。

これと全く逆だったのが欧米諸国です。欧米も日本も、一九六〇年代は経済成長の時代で、労働市場も堅調だったことは共通ですし、一九七三年の石油危機によってその後の経済活動が大きく停滞し、労働市場の状況が悪化したことも共通していますが、誰がつらい目に遭ったかという点では大変対照的でした。欧米諸国では失業者として労働市場にあふれ出たのはまず何よりも技能の乏しい若者たちでした。

これに対し、日本で余剰人員と見なされたのはもっぱら人件費の高い中高年労働者でした。当時の新聞記事やルポルタージュなどを読むと、「去るも地獄、残るも地獄」といった言葉で、中高年齢者の苦悩する姿が繰り返し描かれています。そこで、政府の雇用政策も、もっぱら彼ら中高年労働者をターゲットに作られました。その際、「社員」型の雇用システムを前提として、雇用調整助成金などの補助金を企業に大量に注入することによって、できるだけ中高年労働者を企業内に維持するような政策がとられました。

実を言いますと、日本の雇用政策の方向性が明確に「社員」型中心に舵を切ったのは、この石油危機への対応の時だったのです。それまではむしろ、法律の大原則に則った形でジョブ型の雇用政策や賃金政策がとられていたのですが、石油危機が現実の社会が求める政策を強制的に実現させたといってもいいかもしれません。

こうして、現実社会の在り方も政府の政策もメンバーシップ型一辺倒となる中で、日本における雇用政策はもっぱら中高年中心の形で推移し、若者雇用政策などというものは二〇世紀の間は存在しませんでした。それは、社会自体が若者雇用問題などというものを認識する枠組みを欠いていたからです。**日本には若者雇用問題などという、欧米諸国に見られるような問題は存在しないというのが、政府も労使も学者も一致して抱いていた認識**だったのです。

2　欧米諸国の若者雇用政策も失敗の連続

若者こそが雇用問題の中心だった欧米諸国

これに対して、欧米諸国では若者こそが雇用問題の中心でした。石油危機の影響で大量に失業者として労働市場にあふれ出たのは、主として若者たち、それも学校を卒業したばかりのまだ就職できていない若者たちでした。

それはなぜかわかりますよね。ジョブ型の労働社会を前提にすれば、ある経済社会で労働需要が激減し、誰かが失業者としてはみ出すことになるとすれば、その一番のターゲットは、「企業に採用してもさしあたっては何の役にも立たないような、職業経験も知識も何も持たないような」新規学卒者ということになるのは当然でしょう。

そもそも日本のような新規学卒採用方式はなく、採用は基本的に欠員補充方式ですから、企業がある仕事について求人を出した時に、経験豊富でスキルの高い中高年労働者と未経験で未熟な若者が応募してきたら、前者を好んで採用するに決まっています。

実際、石油危機の後一九七〇年代後半以降、欧米諸国ではドイツという例外を除いて、おおむね若者（二五歳未満）の失業率が成人（二五歳以上）の失業率よりも遥かに高い水準で推移してきました。

アメリカでは成人の五、六％に対して若者は一〇％台半ば、イギリスでも成人の四、五％に対して若者は一〇～二〇％台、フランスも成人の四％台に対して若者は二〇％前後と、大きな格差がつけられてきました。例外はドイツで、成人の二％台よりも若干高めの三％台でしたが、八〇年代になるとどちらもかなり上昇していきました。

ドイツについては、若者の雇用を円滑にするためのデュアル・システムという仕組みが教育システムの中に組み込まれていることが原因ですが、これについては、すぐ後で詳しく説明したいと思います。ここではとりあえず、**ジョブ型社会ではほうっておくと、労働市場で若者が一番つらい目に遭うという大原則**だけ再認識していただければ結構です。

では、ほうっておくと就職できない若者たちを就職させるためには、どういう政策をとればよいでしょうか。ここで、石油危機以来欧米諸国がとってきた若者向け雇用政策を時系列の一覧表で見てみましょう（巻末付録「欧米諸国の若者雇用政策」参照）。

ざっとこれを見る限り、各国で実にさまざまな政策が講じられてきているように見えますが、よく見ると若者雇用政策のバリエーションというのは、どの国もそれほどあるわけではないことがわかります。

実は石油危機以来、若者雇用問題に対するまともな答えはたった一つしかありません。「企業に採用してもさしあたっては何の役にも立たないような、職業経験も知識も何も持たないような」若者に対して、彼らに欠けている技能を身につけさせること、具体的には彼らに職業教育訓練を施して、場合によっては何らかの形で実際に企業現場の作業を経験させて、企業に採用してから何かの役に立つような職業上のスキルを身につけさせること、これに尽きます。各国とも、いろいろと若者向けの雇用政策を試みたあげくに、結局若者雇用政策に王道なし、**職業教育訓練によって技能を身につけ、採用されやすくする以外にうまいやり方はない**、ということを学んだのです。

高齢者早期引退政策という失敗

ということは、かつては何かうまいやり方があるんじゃないかと思って、いろいろ試みたことがあるということですね。

その典型が高齢者早期引退政策です。目の前に就職できない若者たちが大量に滞留していて、何とか彼らの働く場がないかと思って世の中を見ると、あと数年でそろそろ引退する年になるような高齢労働者が結構企業の中で働いているではないか、と気がつきます。そうだ、彼らに早めに引退してもらって、その空いた席に失業している若者をつければいいではないか、と思うわけです。素人だけではなく、政治家や政府の雇用政策担当者もそう思ったのです。

ところがこれは全然うまくいきませんでした。

引退促進政策はとったのですよ。本来の年金支給開始年齢よりも早く年金をもらえるようにするとか、年金が出るまでの間はハローワークで仕事を探す活動をしなくても失業給付をもらえるようにするとか、場合によっては高齢層には（本当はそんなに体の調子が悪いわけではないのに）労働不能ということにして、労働不能保険からお金を出すというやり方もありました。こういうやり方は、おわかりのとおり引退した人々に賃金に代わる年金や失業給付や労働不能給付といった公的なお金を相当の額支払うことになりますので、国の財政にかなりの負担をかけることになります。

それでも、そういう政策をとることで若者の就職が格段に進んだのならいいのですが、現実にはほとんど進みませんでした。**企業は熟練した高齢労働者が抜けた後の欠員補充のために、「企業に採用してもさしあたっては何の役にも立たないような、職業経験も知識も何も**

持たないような」若者をわざわざ雇おうとはしなかったのです。これは、一九九〇年代以降にはＯＥＣＤやＥＵ（ヨーロッパ連合）などの国際機関がまとめた雇用政策に関する報告書で、繰り返し繰り返し指摘されていることです。

「エンプロイアビリティ」とは何か？

こうして、一九七〇年代後半以降、一九八〇年代、一九九〇年代、そして二〇〇〇年代と、欧米諸国は基本的に職業教育訓練中心の若者雇用政策を一生懸命やってきました。その中心は、学校教育機関や公的な職業訓練施設を拡充して、若者向けの職業教育訓練を行うことでした。

しかしそれとともに重点が置かれたのは、企業にとりあえず期間限定で雇ってもらって、その間に実地に仕事を覚えてある程度のスキルを身につけさせて、それを武器に就職できるようにしていくという政策でした。

イギリスでもフランスでも、使用者の協力を得て職業や職業訓練を経験させる事業や、若者と技能養成契約を結ぶ企業に助成金を出すといった政策が繰り返し行われています。これは、日本型システムにおいてスキルのない「社員」に対してＯＪＴで仕事を覚えさせるのとやや似たやり方に見えるかもしれません。ただ、その政策の発想のもとになったのは、おそらくドイツやその周辺諸国で行われてきたデュアル・システムだったと思われます。

ちなみに、こういった主として若者を対象にして職業能力を向上させることに的を絞った雇用政策において、特に一九九〇年代以降よく使われるようになった言葉が「**エンプロイアビリティ**」という言葉です。

ＥＵの雇用戦略において、四つの柱の一つとして使われたため、日本でも一時この言葉が流行しましたが、その中身は全く違うものとなっていました。これもまた、日本と欧米諸国の違いをよく象徴するものとなっています。

ＥＵの雇用戦略においては、**エンプロイアビリティというのは若年失業者と長期失業者を主として念頭に置いた言葉**です。九〇年代後半のＥＵの雇用指針では、すべての失業者が、若年失業者は失業後六か月以内に、成人失業者は失業後一年以内に、職業訓練、再訓練、職場実習、就職その他のエンプロイアビリティを高めるための措置を、個別職業指導とカウンセリングを伴って提供されるべきことが述べられています。

ところが、この言葉が日本に導入された九〇年代末というのは、前章でお話ししたように、既に社会の現実としては「入社」システムから排除された若者たちが不本意なフリーターとして大量に発生しつつあった時代であったにもかかわらず、認識としてはそのような現実はほとんど意識されることがなく、フリーターになっていつまでも就職しない若者たちの「甘え」が批判されていた時代です。

そういう背景の下で、一九九九年四月に日経連の教育特別委員会が発表した「エンプロイアビリティの確立を目指して」という提言は、エンプロイアビリティを狭義の「労働移動を可能にする能力」に加え、「当該企業の中で発揮され、継続的に雇用されることを可能にする能力」を加えた広義の雇用されうる能力と捉えています。

つまり、当時の日経連にとって、**エンプロイアビリティが求められるのはもっぱら在職者であり、これまでの終身雇用、年功序列に安住するな、というメッセージが込められた言葉として用いられていた**のです。

「企業に採用してもさしあたっては何の役にも立たないような、職業経験も知識も何も持たないような」若者に対して、雇ってもらえるようなエンプロイアビリティを身につけろ、などという発想は、二一世紀を目前にした時期においても、日経連には全く存在しなかったことがよくわかります。エンプロイアビリティという一つの言葉の使われ方一つをとってみても、若者雇用問題がまだなかった（現実に問題は生じていても、それを「問題」と認識する枠組みがまだ構築されていなかった）時代の日本の知的風景をよく示しているといえるでしょう。

ちなみに、これを受けて厚生労働省が二〇〇一年七月に公表した「エンプロイアビリティの判断基準等に関する調査研究報告書」も、若者雇用への問題意識は全く見られませんが、横断的な市場価値を含んだ職業能力という視点が示されている点に、メンバーシップ型志向の労働政策から脱却しようとする志向性は窺われます。

ドイツのデュアル・システム

さて、欧米先進諸国の中では、ドイツは例外的に若者の雇用問題があまりない国です。雇用問題がないわけではありません。結構失業率が上昇した時期もあります。しかし、他の諸国では若者の失業率が成人の失業率よりもかなり高い水準で推移したのに対し、ドイツでは両者はほぼ変わらず、ときには若者の方が失業率が低いという状況も見られました。そういうドイツの特殊性の背景にあるのは、有名な**デュアル・システム**です。

ドイツのデュアル・システムというのは、中世のギルド制度に起源を有するとも言われる仕組みですが、一言でいえば学校教育の枠組みの中で、学校における座学と企業現場における実習とを組み合わせた仕組みです。これまでは主として後期中等教育つまり高等学校レベルで行われてきましたが、最近は高等教育つまり大学レベルでも結構盛んに行われるようになっています。

学校の座学と企業現場の実習を組み合わせるといっても、その組み合わせ方は半端なものではありません。両者が同じくらいの分量で組み合わされているのです。

例えば、高校の三年間、毎週の週日のうち三日間は学校に通って基礎科目や職業科目について勉強をし、残りの二日間は企業現場に通って職場の管理者や先輩労働者に教わりながら実際に作業をやって、職業技能を身につけていくというパートタイム型もあれば、数か月間は学校に通って勉強をし、次の数か月間はずっと企業現場で作業をするというブロック型のやり方もあります。

いずれにしても、**座学と実習の両方ともずっしりと重い大変本格的な「組み合わせ方」**なのです。

ここを強調しておくのは、後に出てくる日本版デュアル・システムという名の「似て非なる」ものと対比させるためですので、是非ここはよく覚えておいてください。

デュアル・システムの下では、学校の生徒や学生が同時に企業で働く見習い労働者でもあるのです。

スキルのない若者が企業現場で実習を通じて技能を身につけるという点では、日本のやり方と似ているといってもいいですが、一番重要な点は、**デュアル・システムで実習している生徒や学生は、卒業したらその実習している企業に就職するとは限らない**ということです。いやむしろ、そうではないことの方が普通です。

デュアル・システムは政府が援助していますが、その主体は地域の業界団体であり、その会員の企業が業界全体の技能労働者養成という目的のための活動として若者を見習い労働者として受け入れているのです。決して自分の会社のために、自社の将来の人材を養成するという狭い目的のためにやっているわけではありません。これはやはり、ギルド的な業界のつながり、強い絆があって初めて行えることなのでしょう。

なお、これまでデュアル・システムは主として高校レベルで行われてきましたが、近年の大学進学率の上昇に対応して、同じようにデュアル・システムで勉強しながら職業技能を身につける専門大学という教育機関が急速に拡大してきています。今では高等教育機関の半分以上はアカデミックな大学ではなく、こういう専門大学なのです。

3 日本の雇用政策はジョブ型だった！

ジョブ型若者雇用政策の導入

前章でみたように、新規学卒労働市場が急速に収縮し、正社員就職できなかった若者が大量にフリーターとしてあふれ出るようになった九〇年代を過ぎ、二〇〇〇年代に入って彼ら氷河期世代の年長フリーターたちと正社員就職した人々との格差が拡大してくるようになると、ようやく日本でも本格的に若者雇用政策が開始されるようになりました。

それまで若者雇用問題が存在せず、それゆえ若者雇用政策も存在しなかった日本にとって、お手本になる若者雇用政策は長年この問題に取り組んできた欧米諸国のものでした。実際、後で見るように、二一世紀になって一気に始められた日本の若者雇用政策は、一つ一つにいかにも欧米諸国の政策を真似して取り入れたという匂いがつきまとっています。しかし、それは若者雇用政策の初心者国《ビギナー》としてはやむを得ないものでもありました。

ただ、あまり意識されなかった問題は、欧米諸国の若者雇用政策は当然のことながらそれら諸国の雇用システム、すなわちまず仕事があり、その仕事に人を当てはめるというジョブ型のシステムを所与の前提として作られていたということです。

メンバーシップ型を前提とする日本社会に、ジョブ型社会を前提とする若者雇用政策を導入すると何が起こるのか、という意図せざる問題がそこに発生したのです。

日本でジョブ型雇用政策が行われた時代

しかしその話に入る前に、古い話をしておく必要があります。実は、そういうメンバーシップ型社会にジョブ型雇用政策を導入しようとする試みは、かつて、それも半世紀以上も以前の時代を中心に、存在していたのです。このことは、政策担当者も含めてあまり認識されていませんが、二一世紀に開始された若者雇用政策を考える上で重要です。なぜなら、それらはある意味で、半世紀前の大先輩たちの作った政策の再現という面もあるからです。

第1章で、かつての労働省が職業安定法の規定に基づいて一生懸命職務分析を行い、社会に「職業」を確立しようとしていたことを述べました。しかし、ジョブ型雇用政策はそれだけではありません。一九五〇年代から一九六〇年代という日本が高度成長期にあった時代、日本政府の雇用政策は完全にジョブ型志向だったのです。

そのもっとも典型的な表現は、一九六〇年の「国民所得倍増計画」です。教科書で必ず習うこの有名な政策文書は、その中で終身雇用制と年功賃金制を解消し、同一労働同一賃金原則に基づき労働力を流動化することを唱道し、労働組合も産業別化するとすら展望していました。

この前後の時期の雇用政策は、内部労働市場の閉鎖性を打破し、外部労働市場中心のシステムを確立することに焦点が置かれていました。そのもっとも明確な法的表現が一九五八年に制定された職業訓練法です。それまで徒弟制を引き継ぐ技能者養成と失業対策としての職業補導に分かれていたものを「職業訓練」という新たな用語の下に合体し、技能検定制度によって社会的な基準が設定される技能というものを、企業の内部と外部を貫く新たな労働市場の原理として提起したのです。つまり、企業横断的職種別労働市場が形成されることを目指した法律でした。

この半世紀以上も昔に導入された技能検定制度について、当時の政策担当者たちはドイツやスイスの技能検定制度を見倣って設けたものだと述べています。五〇年代におけるドイツやスイスの産業発展の姿から、それを評価して導入された政策です。**労働者みんなが**自分はこの職種の一級技能士だ、二級技能士だというふうに、**「仕事というレッテル」をぶら下げ、そのレッテルによって自分を労働市場に登録し、会社側もそれを目当てに求人を行い、労働者側もそれを頼りに会社などに対して売り込みを行う**という、そういう社会の在り方を目指していたわけです。

しかしながら、この制度自体はいまだに法律上に残ってはいるものの、それがジョブ型労働社会における企業を超えた社会的通用性をもって流通しているという状態には、ついに到達することはありませんでした。そして、そもそもそんな制度が存在しているということさえ、多くの人々の意識からは消えていってしまったようです。

この法律における「職業訓練」という概念自体、企業を超えた技能の標準化という政策思想を濃厚に湛《たた》えています。職業訓練には企業内で行われる事業内職業訓練と、職業訓練校などで行われる公共職業訓練がありますが、両者は本来同じものでなければなりません。

もっといえば、企業を超えた職種別労働市場で求められる技能をきちんと身につけるための公共的な性格を持った訓練を、たまたま企業内で行うのが事業内訓練なのであって、ですからそれは法律上「職業訓練の認定」と呼ばれました。前節で見た欧米諸国で頻繁に行われる政策としての企業内訓練が、まさにそういう性格を有していることはよく理解できるところでしょう。

メンバーシップ型に転換した雇用政策

この仕組みもまた、現行法になお化石のように残っています。しかし、現在の職業能力開発促進法では、企業内訓練に関する主な規定は全く違う観点からのものになっています。その変化は一九七〇年代に起こりました。社会的通用性のある技能を身につけるための公共職業訓練の一環としての企業内訓練ではなく、企業の中でいろいろな仕事をこなしていくために企業が必要と考える技能を企業の判断で「社員」に施していく企業内教育訓練に対して、さまざまな助成金によって援助していくという仕組みが、日本の職業訓練政策の中心を占めるようになっていったのです。

それは、労働市場政策の中心が労働移動を前提としてハローワークにおける適格な職業紹介を行うことよりも、雇用調整助成金などによってできるだけ解雇者を出さずに企業内に雇用を維持することを重視するようになったことと軌を一にしていたといえます。

それがもっとも強調されたのは一九八〇年代でした。ここでまた私の経験を語っておきましょう。私は今から三〇年前の一九八三年に旧労働省に入って役人生活を始めたのですが、それはこのような企業主義あるいは内部労働市場中心主義がもっとも強く燃えさかっていた時代でした。

ちょうど入省時の研修か何かで、当時の職業訓練局長のお話を聞く機会があったのですが、そのときに当時の局長は、「君たちは、職業訓練行政というと、公共職業訓練校が中心だと考えているかもしれないが、それは間違いだ。今やこの行政の中心は、企業内の教育訓練をいかに進めていくかにある。そして、多くの企業が学習企業といえるような状態になることを目指しているのだ」というようなことを語られたのです。

同様の趣旨は、当時の労働省編のコンメンタールにも書かれています。要するに、**日本政府の雇用政策は**、五〇年代や六〇年代の**欧米型ジョブ型志向の政策から、現実社会のメンバーシップ型の在り方を全面的に支援する方向に、一八〇度舵を切っていた**わけです。そして、長らくそういう政策が続けられてきたために、日本の雇用政策といえばメンバーシップ型という思い込みが多くの人々に共有されるようになり、現在高齢者として生きている人々の若い頃には全く逆方向を目指していたのだという歴史的事実すら、ほとんど語られないまま忘れ去られていったようです。

そうした認識が一般化して久しいところへ、二一世紀になって、欧米諸国の若者雇用政策を見倣う形で、再びジョブ型社会を前提とする若者雇用政策が導入されることとなったのです。

メンバーシップ型雇用政策からの脱却

しかしその前に、一九九〇年代においては、若者雇用問題への問題意識を欠いたまま、雇用政策全体の流れがメンバーシップ型雇用システムの維持を至上命題とする方向から、徐々に脱却する傾向を示していたことを語る必要があります。

一九九〇年代初め頃には、かつては体制批判勢力の中だけで使われていた「企業中心社会」や「会社人間」という言葉が、経営者の発言や政府の公式文書の中でも否定的なニュアンスで用いられるようになりました。一部評論家による**「社畜」という罵言が人口に膾炙《かいしゃ》したのも実はこの時期です。**

より一般的なスローガンとしては、一九九二年の生活大国五か年計画の「個人の尊重」「生活者の重視」とか、一九九九年の経済方針の「自立した『個』を基盤とした経済社会」ということになりましょう。

　こうした個人志向の言説に敏感に反応したのが職業能力開発行政でした。一九九一年の第五次職業能力開発基本計画には「自己啓発」という美しげな言葉がちりばめられ、一九九六年の第六次職業能力開発基本計画は「労働者の個性を活かす」「個人主導の職業能力開発」を説いていました。「自己啓発」は会社のためではなく、企業を超えた労働移動を促進するために直接労働者を支援しようという発想です。

　こういう発想を政策の形にすると、一九九八年の**教育訓練給付**になります。労働者の主体的な職業能力開発の取り組みを支援するために、労働者が自分で見つけてきた教育訓練施設の受講料の八割を雇用保険財政から面倒を見てやろうという、大変気前のいい制度です。この制度ができた背景には、当時経済戦略会議で活躍していた竹中平蔵氏が、フリードマンの教育バウチャー論にヒントを得て、能力開発バウチャーの導入を主張していたことがあります。

　自分でどういう教育訓練を受けることが適切であるのかをもっともよく理解しているという強い労働者像に基づき、選択は労働者個人に委ね、そのコストを雇用保険財政という形で広く労使が負担するという、いささか楽天的な人間観に基づく政策であったといえましょう。

　その結果何が起こったかはあまりにも多くの人々が知っています。あまりレベルの高くない英会話学校やパソコンスクールに多くの労働者が殺到しました。失業者ではなく在職者が通う、ということは、その在職者は五時になったらさっさと職場を後にしてこれらの施設に通えるような人々であったということです。仕事が忙しくてとても通えない人々が払った雇用保険料を原資にして、その人々が「自己啓発」をした結果、日本の労働者の職業能力が具体的にどれくらい向上したのか、あまり定かではありません。

しかし、そういう「自己啓発」の雰囲気がはびこる時代の中で、その前の企業主義の時代にとことん落ちるところまで貶められてきた**公的職業訓練の世界が、少しずつその地位を高めつつあった**ことも見逃すわけにはいきません。教育訓練給付の制定と同じ一九九八年に封切られた山田洋次監督の『学校Ⅲ』は、リストラにあった中高年労働者たちが必死に職業訓練に励む姿を描き出し、万言を費やすよりも雄弁に職業訓練校のイメージを刷新したのです。若者雇用はなお問題化していなかったとはいえ、時代は少しずつジョブ型雇用政策を求める方向に動いていきつつあったといえるでしょう。

4 ジョブ型若者雇用政策の始動

若者雇用政策の出発点

序章で述べたように、二〇〇〇年までは労働省の若者雇用に関わる担当部門は学卒係という一係に過ぎませんでしたが、毎年中学、高校、大学などの新卒者の内定状況、就職状況を調査し、発表していましたから、九〇年代半ば以降、新卒労働市場の状況が急激に悪化し、就職できないまま卒業する若者が急増してきていることは当然認識していました。前章で述べたように、世間では依然としてフリーターの「甘え」を批判する言説が垂れ流されていたとはいえ、政策担当者は目前に起こりつつある事態に対し、できる範囲で対策を講じなければなりません。

厚生労働省は文部科学省とともに「高卒者の職業生活の移行に関する調査研究会」を開催し、二〇〇二年三月に最終報告書をまとめましたが、そこではこれまで一定の役割を果たしてきた指定校制度、一人一社制、校内選考といった慣行が弊害をもたらしているという認識を示し、そうした就職慣行を見直すことを求めるとともに、就職を円滑にするためのサポート、キャリア形成の観点からの教育内容の改善、学校とハローワークの連携など、それまで意識されてこなかったさまざまな政策課題を示しています。

これを受けて、**二〇〇二年度から未就職卒業者就職緊急支援事業が始まりました**が、これが**日本における若者雇用政策の出発点**といえるでしょう。

その内容は、高校や大学の未就職卒業者を対象に、ハローワークや学生職業センターなどにおいて、未就職卒業者の登録、個別支援方針を策定してマンツーマンによる指導、職業実習や委託訓練などを実施する援助措置ですが、特に注目すべきはここで若年者トライアル雇用事業が開始されたことです。これは、若年失業者を短期間の試用雇用として受け入れる企業に対して一人一か月五万円を三か月間支給し、その間に受入企業が専修学校などの教育訓練機関に委託して教育訓練を実施した場合にはそれに要した費用（六万円まで）も助成するというものです。

先に見た欧米諸国の若者雇用政策で繰り返し出てきた政策類型ですね。こういう政策を始めたということは、日本も欧米と同様、「企業に採用してもさしあたっては何の役にも立たないような、職業経験も知識も何も持たないような」若者に対して、彼らに欠けている技能を身につけさせること、具体的には彼らに職業教育訓練を施して、場合によっては何らかの形で実際に企業現場の作業を経験させて、企業に採用してから何かの役に立つような職業的なスキルを身につけさせなければならなくなったということです。

若者自立・挑戦プラン

日本で若者雇用問題が大きな政策課題として浮かび上がったのは二〇〇三年です。この年四月に、文部科学省、厚生労働省、経済産業省及び内閣府からなる**若者自立・挑戦戦略会議**

が発足し、同年六月には「若者自立・挑戦プラン」という四大臣連名の政策文書がとりまとめられたのです。同プランは、日本においても若者雇用問題が政府を挙げての取り組みを要する重要な政策課題であることを宣言したものといえます。

そこでは基本的な考え方として、「若年者問題の原因を、若年者自身のみに帰することなく、教育、人材育成、雇用などの社会システムの不適合の問題として捉えて対応する必要がある」と述べるとともに、「職業探索期間の長期化や就業に至る経路の複線化に対応して、これまでの卒業即雇用という仕組みだけでなく、各個人の能力、適性に応じ、試行錯誤を経つつも、職業的自立を可能とする仕組みが必要である」と、欧米型若者雇用問題の枠組みで考えていこうという姿勢が明確に示されています。

具体的な政策として示されているのは、キャリア教育や職業体験の推進、インターンシップ、日本版デュアル・システムの導入、若年者のためのワンストップサービスセンター（ジョブカフェ）の設置などです。

このうち、日本版デュアル・システムは「若年者向けの実践的な教育・職業能力開発の仕組みとして、新たに、企業実習と教育・職業訓練の組合せ実施により若者を一人前の職業人に育てる『実務・教育連結型人材育成システム』」と書かれています。この表現だけを見ると、まさにドイツなどで行われているデュアル・システムをそのまま日本に導入しようとしているようにも読めます。

しかし、雇用システムとそれを前提とする教育システムが全く異なる日本において、ドイツ型デュアル・システムそのものを導入するなどというのは端から不可能だったようです。実際に導入されたのはどういうものだったのか、やや詳しく見ていきましょう。

厚生労働省版デュアル・システム

日本版デュアル・システムと呼ばれるものには、**文部科学省版**と**厚生労働省版**の二種類があります。両者は、とても同じ名前がつけられるようなものとは思えないくらい異なった政策です。そして、その**いずれも、名前の元になったドイツのデュアル・システムとは似ても似つかぬ日本独自の政策**です。

しかし、そういうものが日本の政策として「日本版デュアル・システム」という名前がつけられて実施されるということ自体の中に、繰り返しになりますが、日本の雇用システムが政策の発想源である欧米の社会といかに異なったものであるか、ということがにじみ出ているということもできます。

厚生労働省版デュアル・システムが最初に打ち出されたのは、二〇〇三年九月の若年者キャリア支援研究会報告書です。若年者が企業現場との接点をできるだけ持ちながら効果的に能力向上をしていくことができる新しい枠組みとして日本版デュアル・システムを提起しました。具体的には、企業と教育機関をコーディネートし、企業実習と一体となった教育訓練を行うとともに、修了時に実践力の能力評価を行うことを想定しています。

これを受けて二〇〇四年度から実際に事業が開始されました。その直前に出された日本版デュアル・システム協議会報告書では、三五歳未満の未就職無業者、フリーターなどを対象に、専修学校や公共職業訓練施設などの教育訓練機関が若年者を訓練生として受け入れ、企業実習については企業に委託するタイプと、企業が若年者を有期パート労働者として採用し、Ｏｆｆ－ＪＴについては教育訓練機関が行うタイプの二類型を示しています。

いずれも、ドイツ型デュアル・システムの重要な柱の一つである学校が教育訓練機関となるものではありません。いわば、**労働行政の範囲内だけでデュアルをしようとしている**ものです。しかも、この年に開始されたのはまず、前者の教育訓練機関主導型でした。

しかしながら、本来デュアル・システムは就労、就学に次ぐ、就労と就学の双方の要素を併せ持った第三の選択肢として位置づけられるべきものという考え方から、二〇〇五年一一月の日本版デュアル・システムの今後の在り方についての研究会報告書は、企業が有期雇用の下、実習を行いつつ、教育訓練機関において座学等を進め、企業現場の中核的人材を養成する企業主導型デュアル・システムの実施を推進すべき段階にきていると提言しました。

これを受けて二〇〇六年に改正された職業能力開発促進法において、「実習併用職業訓練」という名前で企業主導型のデュアル・システムが位置づけられました。事業主がOJTと公共職業訓練などを組み合わせて行うものと定義され、予算措置で訓練費用やその間の賃金についてかなり高率の助成がされました。

とはいえ、この実習併用職業訓練とは、「デュアル」と称しながら教育システム自体には触れることなく、労働行政の範囲内のみで座学と実習を組み合わせることを目指しているという点で、ドイツ型のデュアル・システムとはだいぶ異なります。これではデュアルというより、**企業内人材養成システムの一部をコストも含めて外部化しただけ**ではないかという印象も否めません。

文部科学省版デュアル・システム

では、文部科学省の方で始めた日本版デュアル・システムはどうでしょうか。こちらは、二〇〇四年の調査研究協力者会議報告「専門高校等における『日本版デュアルシステム』の推進に向けて」に基づき、同年度から通達による三年間の予算措置として始められました。その内容も専門高校生が一年間に二〇日程度の企業実習を行うといったおとなしいもので、これまた「デュアル」というよりも**職場体験に毛が生えたようなもの**に過ぎません。

もっとも、東京都立六郷工科高校ではデュアルシステム科を設置し、一年次には三社一〇日ずつ実習を行う程度ですが、二年次には二か月の長期就業訓練を一回（五、六月）、三年次にはそれを二回（五、六月と一〇、一一月）行うこととされ、しかも企業と生徒双方の合意により就業訓練先に就職することも可能というかなり本格的な制度設計になっていました。

しかし、これはあくまでも例外的で、東京都としての試みであり、文部科学省に本気でドイツ型のデュアル・システムを導入するつもりはなかったようです。東京都ではさらにいくつかの工業高校にデュアル・システムを拡大していきましたが、文部科学省サイドではより実態に即したインターンシップとして行われています。

ただし、ここで注意を喚起しておきたいのは、**二一世紀に入ってから教育政策における職業教育の位置づけが一定程度高まってきた**ということです。

高度成長期以降、日本型雇用システムに適合した一元的能力主義が一般化したことで、職業高校がそこで教えられる内容に職業的意義を与えることができず、偏差値が低い者が行くところというレッテルがはられるようになっていったと第3章で述べましたが、その認識が少しずつ変わってきたのです。職業高校は九〇年代に専門高校と呼ばれるようになりました。文部科学省は二〇〇三年度から、先端的な技術・技能等を取り入れた教育や伝統的な産業に関する学習を重点的に行っている専門高校を「目指せスペシャリスト（スーパー専門学校）」

として指定し、将来のスペシャリストの育成を図ってきています。

企業内人材養成にかけるコストが削減されればされるほど、まがりなりにも一定の職業教育を受けてきた者に対する評価が上昇することになるのは当然でしょう。

5 「仕事というレッテル」をぶら下げるジョブ・カード制度

ジョブ・カード制度の構想

二〇〇〇年代の日本のジョブ型若者雇用政策を代表するのが、その名称にも「ジョブ」という言葉が使われているジョブ・カード制度でしょう。この制度は、第一次安倍晋三内閣の時に、成長力底上げ戦略の一環として構想され、その後福田康夫内閣時に実施されたものです。

その直前の小泉純一郎内閣の時までは、日本社会全体が構造改革、規制緩和の方向を向いていたのですが、その末期になると格差や貧困といった問題が指摘されるようになり、二〇〇六年九月に安倍内閣が発足する前の同年三月から、官邸に「多様な機会のある社会」推進会議（「再チャレンジ推進会議」）が設けられ、小泉改革路線を継承しながらも、より社会的な政策が模索され始めました。その中には年長フリーターなど若者の再チャレンジが大きな柱として盛り込まれていました。

安倍政権は二〇〇七年三月、公労使三者構成に近い「成長力底上げ戦略推進円卓会議」を官邸に設置し、再チャレンジのための政策を具体的に構想していきました。その第一回会合に出された成長力底上げ戦略（基本構想）は、人材能力戦略、就労支援戦略、中小企業底上げ戦略を三本の矢とし、その人材能力戦略の冒頭に、**職業能力形成システム（通称「ジョブ・カード制度」）**を打ち出しています。

フリーターなどに対し、協力企業等における「雇用訓練方式」と「委託訓練方式」によるOJTと座学を組み合わせたプログラムを積極的に提供するというのは、上述の厚生労働省版デュアル・システムそのものですが、そのプログラム履修者に対し、プログラム参加状況や実績に関する評価の認定の内容を記載する「ジョブ・カード」を交付するという点が新たな付加価値になっています。

「ジョブ・カード」には、技能検定実績やこれまでの職務実績、後述する実践型教育プログラムの履修証明等も記載することができるようにし、本人がこれを提示することにより、求職活動に活用できるようにする、というのです。

これは、少なくとも字面の上だけで見れば、かつてジョブ型雇用政策全盛の時代に労働行政が導入しようとした企業横断的職種別労働市場を前提とする職業能力評価システムの発想が、半世紀以上の時を隔てて再び復活してきたという面もあります。こうして作成された「ジョブ・カード」が求職活動に活用するためのものだとすれば、それは、履修者が「仕事というレッテル」をぶら下げ、そのレッテルによって自分を労働市場に登録し、会社側もそれを目当てに求人を行い、労働者側もそれを頼りに会社などに対して売り込みを行うという、そういう社会の在り方を前提にしているからです。

ジョブ・カード制度の推進

同年一二月にはジョブ・カード構想委員会の最終報告がまとめられ、翌二〇〇八年度から本格的に実施されることとなりました。

同報告では、制度創設の意義として、新規学卒時に正社員になれないとその後正社員の職を得ることが難しいこと、我が国における職業能力開発は企業内訓練を中心に行われていること、そしていわゆる「就職氷河期」に就職活動を行った若年者の中には、正社員になれず、非正規労働者にとどまらざるを得なかった結果、職業能力形成の機会にも恵まれないという悪循環に陥っている人が多数存在していることから、**「企業現場・教育機関等で実践的な職業訓練等を受け、修了証を得て、就職活動などに活用する制度」**であり、「社会全体で通用するものを指向」すると明言しています。

これらを受けて、ジョブ・カード制度の本格実施のため、ジョブ・カード推進協議会が設置され、二〇〇八年六月に全国推進基本計画が策定されました。そこでは二〇〇八～二〇一二年度の期間に、ジョブ・カード取得者数一〇〇万人という目標を掲げていました。

なお同計画では、ジョブ・カード制度についていくつもの課題が指摘されていますが、特に「有期実習型訓練、日本版デュアルシステムの受講者の訓練修了後の雇用は必ずしも保証されておらず、受講者の就職活動をいかに支援するかが課題」というのは、ジョブ型の雇用システムが確立していない日本でジョブ型の制度を実施することの矛盾を垣間見せている面もあります。

いずれにせよ、これに基づき、各都道府県に地域ジョブ・カード運営本部が設置され、地域ジョブ・カードセンター、雇用・能力開発機構及びハローワークが連携して、この制度を進めていくことになりました。

ジョブ・カード制度の「仕分け」

ところが、このようなジョブ型雇用政策への流れとは全く別の次元から、この制度に対して廃止せよという**政治主導の「仕分け」**が行われたのです。

二〇〇九年九月に政権についた民主党は、公開の場において外部者の意見を入れながら事業の要否を判断するという「事業仕分け」を政策の目玉として打ち出し、同年一一月から立て続けにさまざまな分野の事業を「仕分け」ていきましたが、二〇一〇年一〇月に行われた第三弾では、雇用労働関係の事業が片っ端から「仕分け」られていきました。その「仕分け」の実態は、例えばメンバーシップ型の発想に基づき企業への雇用維持を図る雇用調整助成金に対しては何ら手を触れない一方で、ジョブ型の発想に基づく雇用政策に対しては、その意義を理解しないまま廃止を宣告していくというものでした。そして、**ジョブ・カード制度に対しても、「事業廃止」という結論が下された**のです。

仕分け人の意見を見ていくと、「ジョブ・カード制度は雇用促進の効果に疑問があり、別の仕組みを考えるべき」「有期雇用型職業訓練は意義がある。ただし、ジョブ・カードを介在させる必要はない」「ジョブ・カードの存在自体の必要性は極めて疑わしい。助成、お試し雇用、訓練付き雇用は必要かもしれないが、他の助成と一本化すべき」「訓練型雇用は必要。ただし、ジョブ・カードというツールは必要不可欠ではない」「ジョブ・カードを取得したことが転職に結びつく制度になっていない」「ジョブ・カードの作成が就職に結びついているとは思えないので、ジョブ・カードを普及促進する必要はない」といった意見が並んでいます。

仕分け人はその分野に関わりのない人にするという原則が立てられたため、世界の雇用政策の流れなどはいっさい関知しないまま、**自分の生きてきたメンバーシップ型雇用システムの感覚をそのまま出して素直に評価すれば、こういう「仕分け」になるのは無理からぬもの**があったという言い方もできるかもしれません。

ちなみに、この仕分け人たちは、中小零細企業で賃金を払われないまま会社が倒産してしまった労働者に対して、国が一定額まで立て替え払いをするという未払い賃金の立て替え払い事業に対しても、無造作に事業廃止を宣告したくらいですから、大企業正社員的感覚が濃厚であったという面もあるでしょう。

さすがにこういう暴挙に対しては、民主党の支持基盤であり、選挙における応援団である労働組合の連合から批判の声が上がり、同年一二月には、官邸に設けられた三者構成の雇用戦略対話において、「ジョブ・カード制度については、企業・求職者にともに役立つ社会的インフラとして、より効率的・効果的な枠組みとなるよう見直しを図るとともに、関係府省が一体となって、制度を推進する」と方向転換しました。

ジョブ・カード制度の見直し

これを受けて内閣府のジョブ・カード推進協議会において、外部労働市場での汎用性のある職業能力証明ツールという本来の目的に立ち帰って検討が進められました。

二〇一一年四月に取りまとめられた「ジョブ・カード制度　新『全国推進基本計画』」によると、これまでの能力開発機会に恵まれない者を対象にした訓練とカードとコンサルティングの三位一体を改め、社会インフラとしてのキャリア・コンサルティング等による職業能力証明ツールとOJT等による職業能力開発という二つの機能が切り分けられます。

前者については一般求職者や学生に対するジョブ・カードの交付促進が課題となるが、企業の採用面接での活用促進、ハローワークや民間紹介機関での活用が挙げられています。特に学生については、現在行われているエントリーシートによる応募がミスマッチを生んでいるとの認識から、学生用ジョブ・カード様式を開発し、活用を図っていくとされています。

一般求職者や学生も活用する一般的な職業能力証明ツールという発想は、まさにジョブ型雇用システムを構築していくという意味で、かつての近代主義の時代そのものです。

エントリーシートから学生用ジョブ・カードへ

これを受けて、厚生労働省は二〇一一年八月から「大学等におけるキャリア教育推進に当たってのジョブ・カード活用・普及促進等に関する実務者会議」を開催しました。大学におけるキャリア教育のツールとしてのジョブ・カード様式の在り方や、その活用方法等、大学

図表7　ジョブ・カード制度とは？

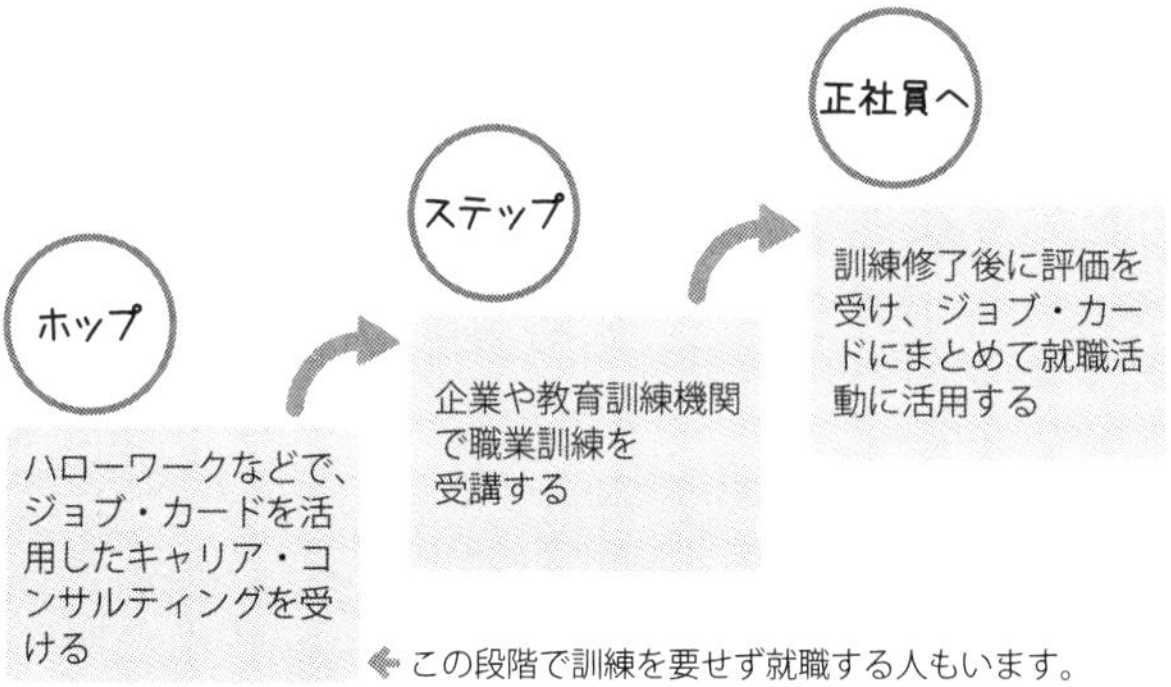
ホップ
ハローワークなどで、ジョブ・カードを活用したキャリア・コンサルティングを受ける
ステップ
企業や教育訓練機関で職業訓練を受講する
正社員へ
訓練修了後に評価を受け、ジョブ・カードにまとめて就職活動に活用する
この段階で訓練を要せず就職する人もいます。

図表8　一般用ジョブ・カード

注●学生用ジョブカードは、「職務経歴シート」「キャリアシート」の代わりに、「学校活動歴シート」「パーソナリティ／キャリアシート」があります。

等におけるジョブ・カードを活用したキャリア形成支援の普及促進策、学生の就職活動での活用についての検討、活用実践を通じた検証を行い、翌二〇一二年四月に報告書を取りまとめました。

そこに提示されている学生用ジョブ・カードを一般用ジョブ・カードと比較すると、学校の課程で関心を持って取り組んだこと、学校の課程以外で学んだ学習歴、インターンシップ歴、アルバイト活動、社会体験活動（サークル、ボランティア活動、留学等）といった記入欄があります。二〇一二年度から試行結果を踏まえて広く大学等におけるジョブ・カード普及促進策の検討が行われています。

なお、実際のジョブ・カードの姿を、厚生労働省のホームページに掲載されている様式によって見ておきましょう。一般用ジョブ・カードと学生用ジョブ・カードがあります（一九九ページ図表7・8）。

6　職業能力をランク付けするキャリア段位制度

ホワイトカラーの職業能力を評価する

さて、ジョブ・カード制度は上述のとおり、**デュアル・システム的な職業訓練制度とそれを対外的に公示する職業能力評価制度を組み合わせたもの**という性格があります。

この職業能力評価というものほど、日本的なメンバーシップ型社会で理解されない仕組みはないように思われます。

半世紀以上も前に職業訓練法によって導入された技能検定制度は、現在も制度として維持されていますが、当時のブルーカラー職種中心の姿のまま、いわば化石化したような形で残っていて、この間急激に増大してきたさまざまなホワイトカラー職種には手が出ないままでした。彼ら多くのホワイトカラーにとっては、企業のメンバーとして採用されてから配置転換とＯＪＴで身につけてきた企業特殊的技能がすべてであって、企業横断的職業能力評価システムなど考えたこともなかったのでしょう。

ただ、そういう中でも一九九〇年代には、雇用政策に異なる方向性が垣間見えるようになります。一九九四年のホワイトカラーの職業能力開発の在り方に関する研究会報告書は、「変化の激しい中で長期間活躍するためには、企業を超えて通用しうる、高度かつ幅の広い専門能力を持ったプロフェッショナルになることが強く求められている」と述べていますし、これと相前後して導入された職業能力習得制度（ビジネス・キャリア制度）は、ホワイトカラーの職務分野ごとに、その職務に必要な専門的知識をユニットと呼ばれる単位に分類し、その全体像をマトリックスとして体系化し、認定基準に適合する教育訓練の受講者に対して、ユニットごとに修了検定を行うという制度です。

法律に基づく技能検定制度とは異なり、予算措置に基づき中央職業能力開発協会が実施している任意の制度ではありますが、**メンバーシップ型雇用の本拠地であるホワイトカラーに対して、企業横断的職業能力評価システムを持ち込もうとした点**に、九〇年代における政策転換の一つの表れが見えます。

このビジネス・キャリア制度は、二〇〇七年からはビジネス・キャリア検定試験として、人事・人材開発・労務管理、企業法務・総務、経理・財務管理、経営戦略、経営情報システム、営業・マーケティング、ロジスティクス、生産管理の八分野について実施されています。しかしながら、これが日本型雇用システムのメインストリームに何らかの影響を与えているというほどのものには到底なっていないようです。

日本版NVQの構想

民主党政権は一方ではジョブ型雇用政策に無理解なままジョブ・カード制度を「仕分け」しながら、もう一方では同制度に含まれる職業能力評価システムの要素をさらに大きく発展させようという方向性も打ち出していました。もちろん、同じ人物がやっているわけではないのですが、全く正反対の政策志向が同時に進められていたというところに、雇用政策そのものに対する位置づけの低さが表れていたのかもしれません。

二〇〇九年一二月に政府が策定した「新成長戦略（基本方針）～輝きのある日本へ～」では、その雇用・人材戦略の中で、「非正規労働者を含めた、社会全体に通ずる職業能力開発・評価制度を構築するため、現在の**『ジョブ・カード制度』を『日本版NVQ（National Vocational Qualification）』へと発展させていく**」と述べています。そして、その注として「NVQは、英国で二〇年以上前から導入されている国民共通の職業能力評価制度。訓練や仕事の実績を客観的に評価し、再就職やキャリアアップにつなげる役割を果たしている」と書かれています。

政府の中枢レベルでこういう方向性が打ち出されたのは半世紀ぶりといえましょう。なお、翌二〇一〇年六月に策定された「新成長戦略～『元気な日本』復活のシナリオ～」では、本文では全く同じ文言ですが、これにつけられた「成長戦略実行計画（工程表）」において、「職業能力を客観的に評価する『キャリア段位』制度の導入（「日本版NVQ」の創設）」と、初めて「**キャリア段位**」なる言葉が出てきました。

キャリア段位制度

その後、二〇一〇年五月には官邸の緊急雇用対策本部に実践キャリア・アップ戦略推進チームが設けられ、「『肩書社会』から『キャリア社会』へ」という基本的考え方に基づき、新成長分野を中心にキャリア段位制度を導入すべく、各分野ごとのプログラムを策定することとされました。

同年八月からその下に専門タスクフォースが設置され、さらに介護人材、省エネ・温室効果ガス削減等人材及び六次産業化人材の三業種についてワーキンググループを設けて審議が進められ、二〇一一年五月には基本方針がまとめられました。

その実践キャリア・アップ戦略基本方針によれば、職業能力評価の階層《ランク》は、職業準備教育を受けた段階のエントリーレベルから、プロレベルに至る七段階とし、それぞれのレベルが示す度合いは業種が異なってもおおむね同程度とすること、評価方法は①認証された育成プログラムの履修、②既存資格の取得による代替評価、③アセッサー（評価者）による実践的スキルの評価、の三つの方法の中から組み合わせてできるようにすること、「わかる（知識）」と「できる（実践的スキル）」の両方を評価すべきこと、評価基準に職位を当てはめるべきでないこと、ジョブ・カードとの連携などが書かれています。

ところが、こちらも民主党政権のもう一つの基軸である事業仕分けの魔手から逃れることはできませんでした。二〇一二年六月には**内閣府の事業仕分けで、このキャリア段位までも**「既存の資格制度との関係の明確化、事業効果、効果設定を行う必要があるとの御意見があったことから、抜本的に再検討を行う」というとりまとめコメントを付して**「廃止」判定されてしまいました**。もっとも、判定は「廃止」でしたが、とりまとめコメントが「抜本的再検討」であったことから、廃止にはなっていません。

そして二〇一二年末から、介護プロフェッショナルについては一般社団法人シルバーサービス振興会、カーボンマネジャーについては社団法人産業環境管理協会、食の六次産業化プロデューサーについては食農共創プロデューサーズが、それぞれキャリア段位制度を実施しています。

とはいえ、客観的に見れば、労働社会の主流とはかなりほど遠いごく周縁的な部分で細々と始められたという感は否めません。**ジョブ型雇用政策が通用しそうな分野はまだまだ限られている**というのが実態なのでしょう。

7 若者の雇用を確保するために

新卒一括採用の見直しを打ち出す

以上、若者を中心とした職業能力開発政策に焦点を当てて近年のジョブ型雇用政策の流れを見てきましたが、労働市場で雇用機会を確保するという観点からの政策も見ておきましょう。

二〇〇六年三月に当時の安倍官房長官の下に設置された再チャレンジ推進会議は、同年五月に「中間とりまとめ」を発表し、その中で、**「新卒一括採用システムの見直し」を打ち出し**、具体的には「フリーターやボランティアの経験を企業の採用評価に反映させる仕組みを整備するとともに、学歴等にとらわれない人物本位の採用を目指し、第二新卒、フリーター等新卒者以外にも広く門戸を拡げた複線型採用の導入や採用年齢の引上げについて、法的整備等の取組……を進める」ことを提案していました。

これを受けて、厚生労働省の労働政策審議会（雇用対策基本問題部会）が、同年九月から人口減少下における雇用対策について検討を開始しましたが、その大きな柱の一つが若年者雇用対策でした。

　同年一二月の建議「人口減少下における雇用対策について」では、基本的な考え方として、若者は将来の我が国の経済社会を担う者であり、フリーター等の状況が継続する場合には、若者本人の職業能力の蓄積がなされず、中長期的にも競争力や生産性の低下など産業経済基盤に影響を与えるとともに、社会保障システムの脆弱《ぜいじゃく》化、少子化の進展等の社会問題を惹起しかねない、と危機感を露わにしています。

　そして、年齢が高くなるにつれ、正社員としての雇用機会が少なくなる傾向がある中で、いわゆる年長フリーター（二五歳以上）の雇用を促進するため、企業における募集・採用の在り方についても見直しを進めることが重要だとしています。

　具体的には、雇用対策法における再就職の援助、募集・採用時の年齢制限の緩和についての事業主の努力義務に、若者の能力を正当に評価するための募集方法の改善、採用後の実践的な職業訓練の実施その他の雇用管理の改善を図ることにより、雇用機会の確保を図ることを加えるとともに、国は事業主が適切に対処するために必要な指針（大臣告示）を策定することが適当としています。

　翌二〇〇七年六月にこの改正が実現し、雇用対策法第七条として、「事業主は、青少年が将来の産業及び社会を担う者であることにかんがみ、その有する能力を正当に評価するための募集及び採用の方法の改善その他の雇用管理の改善並びに実践的な職業能力の開発及び向上を図るために必要な措置を講ずることにより、その雇用機会の確保等が図られるように努めなければならない」という、いささか茫漠《ぼうばく》たる努力義務が規定されました。

青少年雇用機会確保指針

これに基づいて策定された「青少年の雇用機会の確保等に関して事業主が適切に対処するための指針」では、事業主が青少年の募集及び採用に当たって講ずべき措置として、以下の四点が示されています。

①ミスマッチ防止の観点から、募集及び採用の時点において、業務内容、勤務条件、職場で求められる能力・資質、キャリア形成等についての情報を明示すること。

②意欲や能力を有する青少年に応募の機会を広く提供する観点から、学校等の卒業者についても、学校等の新規卒業予定者の採用枠に応募できるような募集条件を設定すること。また、学校等の新規卒業予定者等を募集するに当たっては、できる限り年齢の上限を設けないようにするとともに、上限を設ける場合には、青少年が広く応募することができるよう検討すること。

③学校等の新規卒業予定者等の採用時期については、春季の一括採用が雇用慣行として定着しているところであるが、何らかの理由により当該時期を逸した青少年に対しても応募の機会を提供する観点から、通年採用や秋季採用の導入等を積極的に検討すること。

④職業経験が少ないこと等により、青少年を雇入れの当初から正社員として採用することが困難な場合には、若年者トライアル雇用等の積極的な活用により、当該青少年の適性や能力等についての理解を深めることを通じて、青少年に安定した職業に就く機会を提供すること。

なお、青少年の募集に当たっては、企業の求める人材像や採用選考に当たって重視する点等を明示し、いわゆるフリーター等についても、その有する適性や能力等を正当に評価するとともに、応募時点における職業経験のみならず、ボランティア活動の実績等を考慮するなど、その将来性も含めて長期的な視点に立って判断することが望ましい、といった点を挙げています。

また、事業主が定着促進のために講ずべき措置として、青少年が、採用後の職場の実態と入社前の情報に格差を感じることのないよう、業務内容、勤務条件、職場で求められる能力・資質、キャリア形成等についての情報を明示すること、意欲や能力を有する青少年に安定した雇用機会を提供するため、期間を定めて雇用されていること等により不安定な雇用状態にある青少年が希望した場合に、正社員への登用の可能性が与えられるような仕組みを検討することを示し、さらに実践的な職業能力の開発及び向上にかかる措置を求めています。

既卒者にも新卒一括採用の門戸を開く

さて、日本学術会議は文部科学省の依頼を受けて大学教育の分野別質保証の在り方検討委員会を設けて審議してきましたが、その中に大学と職業との接続検討分科会を設け、大学教育の職業的意義の向上、新しい接続の在り方に加えて、当面とるべき対策として就職活動の在り方の見直しを議論しました。ちなみにこの分科会には私も委員として参加しました。

その報告書は二〇一〇年七月に公表されましたが、その中で、企業の採用における「新卒」要件の緩和を取り上げ、具体的には**「卒業後最低三年間は、若年既卒者に対しても新卒一括採用の門戸が開かれること」**を当面達成すべき目標として提示したのです。

これを受ける形で、二〇一〇年一一月に「青少年の雇用機会の確保等に関して事業主が適切に対処するための指針」が改正されました。これにより、青少年の募集及び採用に当たり、学校等の卒業時期にとらわれることなく人物本位による正当な評価が行われるよう、①事業主は、学校等の新規卒業予定者の採用枠について、学校等の卒業者が学校等の卒業後少なくとも三年間は応募できるようにすべきものとし、②事業主は、青少年がジョブ・カード制度を活用して職業能力の開発及び向上を図る場合には、安定した職業に就く機会を提供すべきものとしています。

8　採用を年齢で差別しない

中高年雇用政策としての年齢差別禁止政策

二〇〇七年雇用対策法改正でもっとも注目されたのは、募集・採用における年齢制限の禁止規定の導入でした。このとき、この政策はほとんどもっぱら年長フリーター問題への対策として取り上げられており、つまり主として若者雇用政策の文脈で論じられていたのですが、それまでは全くそうではありませんでした。

日本における年齢差別禁止政策は、それまでもっぱら労働市場で採用されにくい中高年労働者のための政策として議論されてきたのです。

もっとも、高度成長期以来の長い歴史を持つ中高年雇用政策の中に、年齢差別禁止という政策思想が入ってきたのは、それほど昔のことではありません。中高年雇用政策自体、ジョブ型とメンバーシップ型の間を揺れ動いてきた日本の雇用政策の典型といえます。一九六〇年代から七〇年代にかけての頃は、中高年齢者雇用率制度という外部労働市場にもっぱら目を向けた政策がとられていました。

労働者を採用する際には一定割合の中高年齢者を採用するように努めなさい、というものです。それも、中高年齢者の適職というのを選定して、このジョブには何パーセント、あのジョブには何パーセントというふうに、まさにジョブ型雇用政策の最先端でした。

ところが一九七〇年代から定年延長政策が政策の主流となっていき、八〇年代から九〇年代にかけては六〇歳定年と六五歳までの継続雇用が政策のすべてといっていいくらいになっていました。企業のメンバーとして働いている人々をできるだけ高齢になるまで同じ企業内で雇用し続けることが、この時期の中高年政策の中心思想だったのです。

それが再び転換し始めたのが九〇年代末です。労働行政においても、年齢に関わりなく能力に応じて働くことのできるエージレス社会を目指すといった方向が模索されていましたが、明確に年齢差別禁止政策を打ち出したのは、当時の経済企画庁でした。堺屋太一経済企画庁長官のイニシアティブで、それまでの経済計画に当たる「経済社会のあるべき姿と経済新生の政策方針」の中で、年齢差別禁止という考え方について検討することを求め、これに基づいて「雇用における年齢差別禁止に関する研究会」を設けて、二〇〇〇年六月に中間報告を発表したのです。

そこでは、中途採用の年齢制限のために中高年労働者の再就職が困難になっていることを指摘し、年齢による一律の取り扱いを改め、年齢による差別の禁止を真剣に検討すべきとしつつ、新卒一括採用に代わる採用方法や定年制以外の雇用調整手段として雇用保障の緩和も提起しています。ここには座長であった清家篤氏（現在、慶應義塾長）の意見が強く反映されています。

これを受けて行われたのが二〇〇一年の雇用対策法改正です。これにより、事業主に対し「労働者の募集及び採用について、その年齢にかかわりなく均等な機会を与えるように努めなければならない」（第七条）という努力義務が課せられました。もっとも、そもそも努力義務に過ぎない上に、一〇項目にも上る膨大な例外が設けられました。その筆頭に位置するのは、「長期勤続によるキャリア形成を図る観点から、新規学卒者等である特定の年齢層の労働者を対象として募集及び採用を行う場合」というものですから、まさに未経験な若年者が有利な労働市場の在り方をできるだけ変えたくない、という考え方がなお中心的であったことがわかります。

要するに、二一世紀初頭の時点でも、年齢差別禁止とはもっぱら中高年のための政策としか考えられておらず、**雇用における年齢差別を維持することによって若者の利益を守ろうという発想が強かった**のです。

二〇〇四年の高年齢者雇用安定法改正で、年齢制限する場合にはその理由を明示しなければならないという規定が設けられた時も、規定の置かれた場所からもわかるように、若者雇用政策という意識は全くありませんでした。

年長フリーターが門前払いされないように

この年齢差別禁止政策が、急速に若者雇用政策という文脈で議論されるようになった背景には、前章で述べたように二〇〇〇年代半ばになって急激に注目を集めるようになった**年長フリーター問題**がありました。

二〇〇一年から二〇〇七年にかけて日本経済が緩やかに景気回復するとともに、新規学卒者の就職状況も若干緩和していく中で、九〇年代の就職氷河期に正社員になり損ねた世代が下の世代に置いてけぼりを食らうという悲惨な事態が進行していったためです。彼らは、せっかく景気が回復して求人が増えてきているにもかかわらず、自分たちより年下で、職業経験もない新規学卒者にみすみすその求人をとられていったのです。

これはいうまでもなく、若者ほど得をし、中高年に近づくほど不利益を被るという日本型システムの特質に由来するものですが、その中年に近づきつつある若者たちが、全体的な枠組みの中では若者雇用政策の焦点として析出されたことから、**若者のための政策としての年齢差別禁止政策**という、本来的にはいささか矛盾した政策が生み出されることとなったわけです。

二〇〇七年の雇用対策法改正によってこれまでの努力義務規定が法的な義務付け規定に格上げされ、年齢差別禁止政策の方向へさらに一歩進みましたが、それは政治主導によるものでした。その経緯を見ておきましょう。

もともと、この雇用対策法改正作業が労政審で進められていた時には、この問題は取り上げられていなかったのですが、建議が出されて法案の立案作業に入ったところで、与党の内部からこの問題が提起されてきたのです。すなわち、二〇〇七年一月、自由民主党（雇用・生活調査会）が「企業が労働者を募集・採用する際に、年齢による制限を原則禁止する方向で検討に入った」と報じられました。雇用対策法の努力義務規定を禁止規定にし、就職氷河期に希望の職に就けなかった年長フリーターや定年を迎えつつある団塊世代を念頭に、年齢差別による門前払いをなくすのが狙いだということです。その後、自民・公明両党が雇用・労働問題に関する与党協議会の実務者会合を開き、企業が労働者を募集・採用する際の年齢制限を禁止することで合意し、通常国会に政府が提出予定の雇用対策法改正案で、現行の努力義務を禁止事項に改めることを厚生労働省に要請したと報じられました。

このため、厚生労働省が同年二月に国会に提出した雇用対策法改正案においては、これまでの第七条を第一〇条として、「事業主は、労働者がその有する能力を有効に発揮するために必要であると認められるときとして厚生労働省令で定めるときは、労働者の募集及び採用について、厚生労働省令で定めるところにより、その年齢にかかわりなく均等な機会を与えなければならない」との規定に改めています。努力義務から法的義務になりますが、その適用される範囲を限定してショックを和らげようとしたわけです。

同改正案は同年六月に成立しましたが、その際附帯決議で、例外事由は抜本的に見直し、必要最小限に限定することとされました。

七月にこの省令が公布されましたが、そこでは例外事由たる長期勤続によるキャリア形成を図る観点から、若年者等を募集・採用する場合について、「期間の定めのない労働契約を締結することを目的とする場合に限り、かつ、当該労働者が職業に従事した経験があることを求人の条件としない場合であって学校、専修学校等を新たに卒業しようとする者と同等の処遇で募集及び採用を行う場合に限る」と、大変厳しい限定がつけられています。

雇用における年齢差別を維持することにより若者の利益を守ろうという発想は依然として強く残っていますが、その適用範囲は徐々に狭められてきつつあるようです。

第6章 正社員は幸せか？

1 生活保障なき無限定社員――ブラック企業現象

「名ばかり正社員」の使い捨て

第4章で述べた「入社」システムの縮小が、そこから排除された若者たちがフリーターとして析出されてくることを通じて、二〇〇〇年代に「問題」化し、「政策」化していったのに続いて、その「入社」システム内部の変容が問題意識に上ってきたのは二〇〇〇年代末期でした。

第5章で見てきたようなさまざまな政策が、「正社員」になれなかった若者たち、とりわけ就職氷河期世代の年長フリーターたちに焦点を当てて、彼らを「正社員」という正道に導くことを目的として実施され始めたまさにその時期に、では彼らと異なり**幸運にも「正社員」になれた同世代の若者たちは本当に幸福な職業生活を送っているのか？**という疑問が提起され始めたのです。

この問題を初めて正面から取り上げたのは、二〇〇八年に出された小林美希氏の『ルポ〝正社員〟の若者たち――就職氷河期世代を追う』（岩波書店）です。前年に『ルポ 正社員になりたい――娘・息子の悲惨な職場』（影書房）で非正規労働の若者たちを取り上げた小林氏が、ここでは「正社員」といいながら長時間労働・低賃金で働かされている実態を描き出しています。

近年継続的にこの問題に取り組んできたのが、若者たち自身の手で若者の労働問題に取り組むNPO法人の「POSSE」という団体でした。彼らは労働相談やさまざまなボランティア活動を行うとともに、二〇〇八年以来『POSSE』という季刊誌を発行して、若者の立場から労働問題について発信してきています。

その第二号に掲載された若者の仕事アンケート調査結果から、彼らは「**周辺的正社員**」という存在を抽出しています。それは、定期昇給がありかつ賞与がある**中心的正社員**に対して、定期昇給または賞与がない正社員を指し、販売やサービス職に多く、そして中心的正社員より長時間労働であるにもかかわらず、収入は低いという特徴があります。仕事量が多く、使い捨ての雰囲気が広がっている一方で、「お客様に喜んでもらえる」「職場に仲間がいる」といった観念的な「やりがい」で労働に没入しているというのです。これがマスコミで「名ばかり正社員」として取り上げられ、人口に膾炙していきます。

ブラック企業問題の登場

やがて、ＰＯＳＳＥではこの問題を「**ブラック企業**」というキーワードを用いて提起していくことになります。二〇一〇年末に発行された『ＰＯＳＳＥ』第九号では、「もう、逃げ出せない。ブラック企業」という特集を組んで、さまざまな観点から分析しています。

ブラック企業という言葉は、二〇〇七年の2ちゃんねるの書き込みから小説、映画化に発展した『ブラック企業に勤めているんだが、もう俺は限界かもしれない』を機に、ネット上にとどまらず社会一般で頻繁に使われるようになった言葉です。現象としては、過労死寸前の長時間労働、とれない休み、支払われない給料、パワハラとしか思えない業務、そして次々に辞めていく、あるいは辞めさせられていく同僚たち、といった形で描写されるのですが、『ＰＯＳＳＥ』はその現象に斬り込んでいきます。

同号の記事や座談会などで共通して指摘されていることは、ブラック企業現象が日本型雇用システムと密接な関係にあるということです。

同号では私も萱野稔人氏との「これからの『労働』の話をしよう」という対談で、ブラック企業現象をどのように捉えるべきかを述べています。ここでは、そのときの発言をもとに、ブラック企業現象を日本型雇用システムとの関係で分析してみましょう。

見返りのない滅私奉公

本書の第1章、第2章で見てきたように、戦後形成された日本型雇用システムにおいては正社員は会社のメンバーとして位置づけられていました。そこでは、会社の命令に従って際限なく働く代わり、定年までの雇用と生活を保障してもらうという一種の取引が成り立っていたのです。ある時点で働いている姿を見ればとんでもない長時間労働で一見「ブラック」に見えても、長期的に職業人生全体としては釣り合いがとれているわけですから、労働者にとっては必ずしも不都合な取引ではありませんでした。これを山口一男氏は『ワークライフバランス』（日本経済新聞出版社）の中で、「保障と拘束の交換」あるいは「見返り型滅私奉公」と呼んでいます。滅私奉公というととんでもないことのように聞こえますが、ちゃんと見返りはあったのです。

ところが、それは**先々保障があるということが前提となっているわけで、これがなければ「保障なき拘束」あるいは「見返りのない滅私奉公」**になってしまいます。それこそが「ブラック企業」と呼ばれる現象を説明するロジックになるように思われます。「働き方だけを見たら一見『ブラック』だけど、長期的に見たら実は『ブラック』じゃない」はずが、長期的な保障がないために「ただのブラック」としか言えないような企業が拡大してきたというわけです。

「会社人間」批判とネオリベラリズムの合流

ただ、それだけではやや平板な分析にとどまります。ブラック企業現象のパラドキシカルな点は、そういう**メンバーシップ型社会の「見返り型滅私奉公」に対する一見近代的な批判がブラック企業を生み出す源泉の一つになっている**という点でしょう。実を言うと、一九八〇年代末から一九九〇年代初めにかけて、それまで絶賛の的であった日本的な労働社会の在り方に対する批判が続出した時期があります。会社への忠誠心あふれるメンバーとして「滅私奉公」する姿を「会社人間」とか「社畜」と批判する言説が急激に人気を集めたのです。これはおそらく、欧米諸国に比べて経済的パフォーマンスが高いことばかりを正当化の根拠として日本型システムが褒め称えられていたことに対する感覚的違和感が噴出したのでしょう。こうした人びとはおそらく、自由に働いてのんびり生きていくのが望ましいというイメージで考えていたのだと思われます。

ところがその流れと、世界的に一九八〇年代にイギリス、アメリカを中心に流行したネオリベラリズムの影響とが、一九九〇年代半ば頃から入り交じってきます。左派的なリベラリズムと市場原理的なネオリベラリズムが日本社会批判という文脈で奇妙な共鳴現象を起こしたということができるかもしれません。その結果、西欧諸国であればネオリベラリズムに対する強固な批判勢力になったはずの本来なら社会民主主義的立場からの抵抗がほとんどないまま、**「会社に頼らずもっと強い人間になって市場でバリバリやっていく生き方がいいんだ」という強い個人型のガンバリズム**が、あたかも「会社人間」や「社畜」という否定すべきモデルからの希望あふれる脱出口であるかのようなイメージが世間で一般化し、とりわけマスコミでもてはやされるに至りました。

大変皮肉なことに、強い個人型ガンバリズムが理想とする人間像は、ベンチャー企業の経営者です。彼らの生き方が理想的な生き方として褒め称えられる一方、ベンチャー経営者の下にはメンバーシップも長期的な保障もあるはずもない労働者がいます。

しかし、ここが大変皮肉なところですが、そうしたベンチャー企業においても日本型雇用システムに特有の労働者を会社の「メンバー」と考え、経営者と同一視する思想はそのまま適用される結果、ベンチャー経営者にのみふさわしいはずの強い個人型ガンバリズムがそのまま彼ら労働者にも投影されてしまうのです。拘束を正当化したはずの長期的な保障や滅私奉公を正当化したはずの「見返り」を、「会社人間」だ「社畜」だと批判して捨て去ったまま、「強い個人がバリバリ生きていくのは正しいことなんだ。それを君は社長とともにがんばって実行しているんだ。さあがんばろうよ」というイデオロギー的動機付けを作動させるかたちで、結果的に保障なきガンバリズムをもたらしたといえます。そしてこれが、**保障なき「義務だけ正社員」や「やりがいだけ片思い正社員」といった様々なかたちで拡大していき、現在のブラック企業の典型的な姿に**なっているのです。

このように、労働者を企業のメンバーと見なすことに疑問を抱かないという点では従来型の日本型の発想を色濃く残しつつ、日本型雇用システムを「保障」や「見返り」といった現象面でのみ否定しようとする流行のイデオロギーが、結果的に「保障なき拘束」「見返りのない滅私奉公」という不合理極まるシステムを生み出してしまったという点に、一九九〇年代の日本が経験したパラドックスが集約的に現れていると言えましょう。

今野晴貴氏の分析

このあたりの消息を図式化して見事に説明しているのが、POSSE代表の今野晴貴氏です。今野氏が二〇一二年末に刊行した『ブラック企業　日本を食いつぶす妖怪』（文春新書）は労働関係の本としては異例のベストセラーとなり、版を重ね続けていますが、その中

図表9　ブラック企業の構造

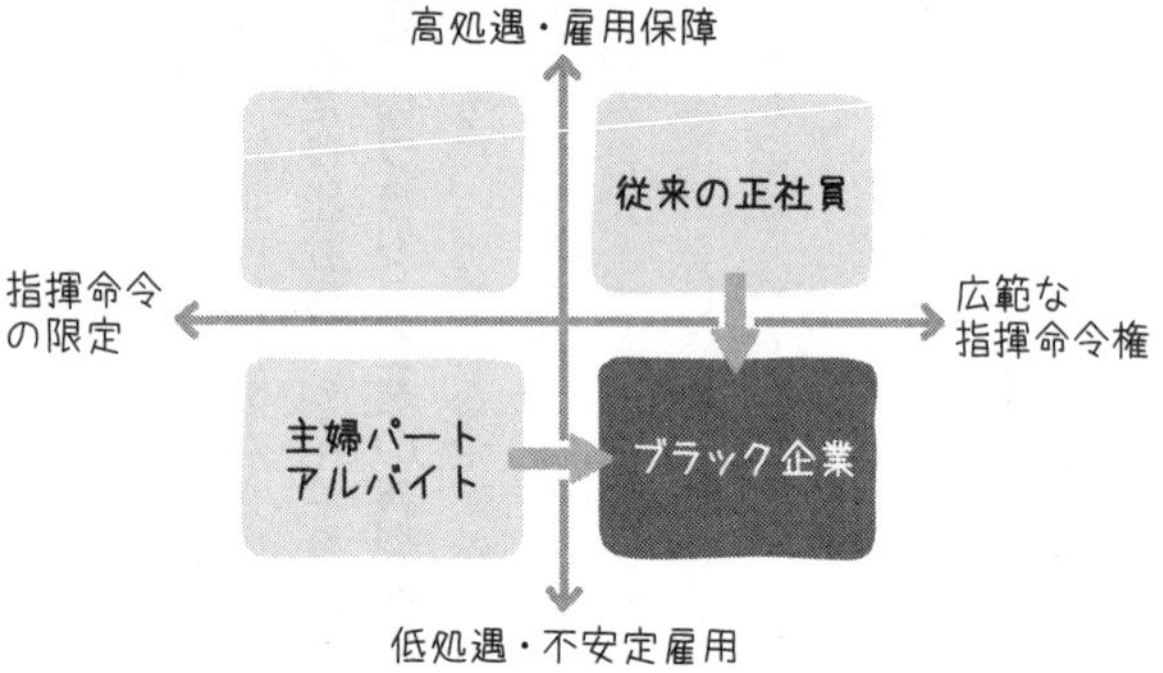

の「日本型雇用が生み出したブラック企業の構造」という章で、従来の正社員や非正規労働者との対比でその構造を分析しています。図表9はそのもとになった図です。

　これまでの正社員は雇用保障と年功賃金などの企業福祉に恵まれる一方、その分「無限の指揮命令」を受容させられる関係にあります。これに対し、非正規労働者の場合には、雇用保障が不在の不安定状態に置かれ、賃金も低い一方で、命令には一定の制約がかけられてきました。「主婦パート」はその代表格です。

　これに対しブラック企業の特徴は、正社員に対する指揮命令権の強さはそのままに、長期雇用や手厚い企業福祉は削減されてしまっているところにあります。**ブラック企業は過剰な命令をする一方で、決して新卒を「メンバー」として受け入れることはあ**

りません。むしろ、「選別」や「使い捨て」のために、与えられた命令の権限を悪用するのです。

今野氏のいうブラック企業のブラックたる所以《ゆえん》は、将来設計が立たない賃金で、私生活が崩壊するような長時間労働で、なおかつ若者を「使い捨てる」からなのです。

2　ジョブなき成果主義による疲弊

能力主義から成果主義へ

第2章で詳しく説明したように、日本の賃金制度は生活保障のための年功賃金制として発達してきましたが、一九六九年の日経連の『能力主義管理』以来、全従業員を職務遂行能力に基づいて序列化した資格制度を設けて、これにより昇進管理、賃金管理を行うという形で整理されていきました。この「職務遂行能力」というのが、実際に従事している具体的な職務から切り離された、いかなる職務をも遂行しうる潜在能力を指すことは、既に述べたとおりです。

もう少し細かく見ていくと、職務遂行能力というのは企業の人事考課によって査定されますが、この人事考課は能力考課、情意考課、業績考課からなります。このうち少なくとも前二者は主観的なものです。

というのは、意欲や態度を評価する情意考課だけでなく、能力考課もその労働者の顕在的能力ではなく潜在能力を評価するということになっているからです。潜在能力というのは客観的に判定しがたく、結果的に勤続年数が長ければ潜在能力が高まっているという評価をすることが多くなります。

しかも、職能資格制度の実際の運用では、特に下位の資格では、ある資格に一定期間在籍することが昇格の条件となることが多く、この面からもかなりの程度年功的な運用となっていました。日本の人事管理の世界における「能力主義」というのは、こういう特殊な意味を持っているのです。

そこで、一九九〇年代以降こうした**「能力主義」を批判して導入されてきたのが「成果主義」**です。

成果主義の普及

一九九〇年代以降は成果主義がもてはやされました。

先駆者は富士通です。同社は一九九三年にホワイトカラー労働者に年俸制を導入しました。

さらに一九九五年、日経連は前出の『新時代の「日本的経営」』の中で、長期蓄積能力活用型の正社員に対して、年齢や勤続年数ではなく成果に基づく新たな賃金制度を唱道しました。

これは、主観的な「潜在能力」や「態度」ではなく客観的な成果を強調した点で画期的でした。この制度は企業の半数、大企業のほとんどに普及していきました。当時制度の導入理由としては、従業員の士気を高める、賃金制度をより納得できるものにする、と説明されました。

成果主義賃金制度も査定によって賃金を決定するという点では能力主義と同じですが、**成果主義では賃金決定における年齢や勤続年数といった要素は否定**されています。職能資格制度における能力評価基準が主として潜在能力であったのに対して、成果主義における能力評価は成果や業績という形で表れた顕在能力を意味するのです。

職能資格制度が長期的な観点から能力の蓄積を重視し、従って昇格の早い遅いはあっても基本的に降級降格はないのに対して、成果主義は短期的な観点から労働者の市場現在価値を重視し、それゆえ査定結果は累積させず、年度ごとの評価で昇級昇格することもあれば降級降格することもある（いわゆる「洗い替え」方式）ということになります。

従って、**年功制の否定というのが成果主義の中心**になるわけですが、そのベースになるべき評価基準は明確ではありません。欧米の成果給はその基本に職務給が明確に存在しており、その上で職務ごとに期待される成果がどの程度達成されたかを査定して個別賃金が決定されるのです。

しかし、日本で導入された成果主義賃金制度は決して職務給ではなく、むしろ現在の職能資格を職務等級に括り直しただけというものが多いのです。現実の日本の人事労務管理は職務ベースで行われているわけではないので、**成果主義といっても職能給マイナス年功制**でしかないのが実態でした。しかしそれでは、成果主義とは査定の裁量幅の拡大に過ぎません。実際には、企業による成果主義の導入は、成果主義だからといってむりやり目標を設定し、その目標を達成していないという理由によってとりわけ**中高年層の高賃金を切り下げる手段になってしまった**ようにも思われます。

ジョブがあいまいでは不平不満の元

ややマクロ的に見れば、**成果主義賃金制度の普及にはベビーブーム世代の賃金コストを引き下げるという意図が隠されていたということもできる**かもしれません。

日本では、一九四七年から一九四九年の間に生まれた世代集団は他の世代集団よりも極めて大きいのです。彼らが四〇代後半や五〇代に近づくにつれ、主として年功に基づく「能力主義」賃金制度のままでは彼らの労働コストは急速に増大することになります。成果主義賃金制度では個別の賃金額を抑制したり引き下げたりすることができるので、費用のかかりすぎるベビーブーム世代の賃金水準を下方に修正するためのメカニズムとして機能することが意図されたというわけです。

このように、欧米の成果給のように職務給ベースのものではなく、下がる可能性が大いにあるという意味で年功的性格を抜いた職能給に過ぎない成果主義の下で、成果を達成していないという理由で中高年層の高賃金が個別に切り下げられるということが進められたのです。労働者は一般に自分の成果を高く評価しがちですが、**成果を評価すべき職務基準が明確でないままでは、これは不平不満の元**となります。

その結果二〇〇四年には、「成果主義」賃金制度への批判が急激にわき起こりました。著名な経営学者である東京大学経済学部の高橋伸夫氏は、この制度が労働者の士気を損ない、成果の短期的評価が長期的繁栄に不可欠な労働者間の協力関係を破壊すると批判しました。また、成果主義を先駆的に導入した富士通の人事部に勤務していた城繁幸氏は、同社における成果主義賃金制度の実態を厳しく批判し、無能なトップと管理職がこの制度を使いこなせず、社内には不満と嫉妬が渦巻いたと指摘しました。

正社員に対する負荷の増大

こうした成果主義の流れの中で、正社員の労働時間や労働密度、労働負荷もどんどん上がっていきました。

第1章や第2章で述べたように、正社員は会社のメンバーとして一生懸命働く代わりに雇用保障や年功的な生活保障を得てきたわけですが、そうはいっても本当に二四時間、三六五日ぶっ通しで働いたら間違いなく人間は死にますから、そんな馬鹿なことはありません。かつてはどうだったかというと、やれと言われたらやるのですが、実際にはそんなに無茶苦茶をいつもやらされている状態ではなかったのです。

その昔、クレージーキャッツというお笑いグループの植木等が「サラリーマンは気楽な稼業ときたもんだ」と歌っていました。実際に、正社員自体が昔はけっこう気楽な稼業だったと思います。それが、だんだん気楽でなくなってきたのです。昔から確かにメンバーシップでしたが、そのメンバーシップが濃くなり、要求水準が高くなってきているのです。

今から三〇年ぐらい前に、銀行を既に定年退職していた人にこういう話を聞いたことがあります。「近頃の銀行は夜中までみんな残って仕事をしているんだよな。俺たちの頃は、大体三時にシャッターを閉めたらある程度仕事をし、その後、近所の子どもたちの野球のコーチをしていた」と言うのです。その人の現役時代といえばもう五〇年以上前になりますが、昔の銀行員はそんなことができたのかと当時の私は非常に驚きました。メンバーシップ型で忠誠を尽くせば一生面倒をみる約束だと言いましたが、そうはいっても平日に少年野球のコーチができる程度の忠誠であって、そんなに無茶なものではなかったのだと思います。

メンバーシップがなぜ濃くなってきたかといえば、とりわけこの二〇年間、一九九〇年代から二〇〇〇年代に、少数精鋭で頑張ってやるのだと、メンバーシップ型の正社員を徐々に収縮し、少なくしてきたからです。科学の勉強ではないですが、一定量のものをぐっと収縮すると密度が濃くなります。おそらく**昔の正社員と比べて、今の正社員の義務の重さ、労働の質的、量的な負荷は大変高まってきている**でしょう。

白紙の学生に即戦力を要求

これの一つの表れが学生に即戦力を要求することです。これは実に矛盾している要求です。即戦力を要求するということは、まさにこの仕事をするのだから、こういう訓練を受けて能力を身につけてこいと求めることです。示したことができるようになったから採用するということになるのなら即戦力を要求することは理解できます。

しかし、面接においてサークル活動をどれだけやったかを一生懸命説明しなければいけないということは、仕事の能力としての即戦力を要求しないということです。**正社員が少なく**

なり責任や労働の質的・量的な負荷が高くなってきて、白紙の学生に即戦力を要求するというおかしなことが起こっているのです。

上述の今野晴貴氏は『ブラック企業』の中で、典型的なブラック企業における新入社員へのハラスメントの実例を紹介しています。IT企業Y社の入社式で、人事部執行役員はこう挨拶したそうです。

「おまえたちはクズだ。異論はあるだろうが、社会に出たばかりのおまえたちは何も知らないクズだ。その理由は、現時点で会社に利益をもたらすヤツが一人もいないからだ」

「営利団体である企業にとって赤字は悪だ。利益をもたらせないヤツが給料をもらうということは悪以外の何物でもない。だから、おまえたちは先輩社員が稼いできた利益を横取りしているクズなのだ」

「クズだから早く人間になれ。人間になったら、価値を生める人材になり、会社に貢献するように」

ジョブ型社会であれば、この台詞は（言い方はむちゃくちゃですが）それなりに筋が通っている面もあります。

もっとも、本当のジョブ型社会であれば、こういう仕事をする人が必要なので、その仕事をできる人はいませんか？　と欠員募集で求人し、その資格や能力のある人を採用するのが当然であって、初めからそういう能力が身についていないことがわかっている新規学卒者を毎年二〇〇人も採用しておいて、こういう台詞を浴びせかけるのは、筋違いも甚だしいというべきでしょう。

ここにも、**メンバーシップ型社会の仕組みや感覚をそのまま色濃く残しながら、部分的にジョブ型社会の論理をもっともらしく持ち込むこと**によって、本来のジョブ型社会にもあり得ないような**不合理極まるブラック企業現象**が発生するという事態をわかりやすく観察することができます。

3　「人間力」就活がもたらすブラック企業

再三引用しますが、今野晴貴氏は『ブラック企業』の中で、就職活動がブラック企業現象を若者に受け入れさせる土壌になっていると指摘しています。就職活動を通じて若者がある種の「洗脳」を受けさせられるというのです。第3章で「職」に「就」くのではないのに「就職活動」と呼ばれている日本的な人間力「就活」の問題点を述べましたが、今野氏の紹介する事例は、そこで求められる「人間力」の奇怪さをよく示しています。

日本の**就職活動では、「何が採用の基準になっているのか」がはっきりしないため、不採用とされた学生はひたすら自分の内面を否定し続ける**ことを求められます。象徴的な言葉が「自己分析」で、生まれた時からこれまでの態度、自分がどういう人間であるのか、こうした抽象的な次元で自分自身を否定し、企業にどうしたら受け入れてもらえるのか考え続けさせる、ある種の精神的な試行錯誤、自己変革が求められるというのです。

ジョブ型社会であれば、具体的な職業能力がないために不採用になったのであれば、それを改善するために職業訓練を受けるという建設的な対応が可能ですが、メンバーシップ型社会的な全人格的評価で自己否定することを求められるということは、**「自分が悪い」という一種のマインド・コントロール**に若者を陥らせていくということでしかありません。こうして不採用の理由がわからないまま「自己分析」を繰り返させる「人間力」就活が、ブラック企業を生みだしはびこらせる土壌になっているという今野氏の指摘は鋭いものがあります。

第7章 若者雇用問題への「処方箋」

1 「全員ジョブ型」処方箋はなぜ難しいか？

若者雇用問題への診断まとめ

以上、日本の若者雇用問題について、日本型雇用システムの根っこにさかのぼりながら詳しく説明してきました。

まず出発点は、欧米のジョブ型社会に対して、日本の雇用システムがメンバーシップ型であり、生徒や学生から労働者に移行する際の仕方が、「職《ジョブ》」に「就」くという意味での「就職」ではなく、「会社」の「一員《メンバー》」になるという意味での「入社」であったことが、若者の「就職」（＝「入社」）を極めて容易なものにしていたということです。ジョブ型社会の欧米では、「企業に採用してもさしあたっては何の役にも立たないような、職業経験も知識も何も持たないような」新規学卒者を「もっぱら好んで採用しようとすることは、とても理解することができない」のに対して、日本では少なくともある時期までは「自分の希望するところへ就職することは困難であるとしても、ほぼ間違いなく全員が自分の就職先を見つけ出すことができるようになってい」たのです。

一言でいえば、**日本は若者雇用問題がなかった社会であり、若者雇用対策の要らなかった社会**だったわけです。逆に、欧米諸国は若者こそが雇用問題の中心でした。繰り返し行われた雇用政策の主なターゲットはスキルがないゆえに採用してもらえない若者であり、それゆえに政策の焦点は彼らに職業技能を身につけさせることに向けられたのです。

ところが一九九〇年代以降、下手にスキルがないゆえに若者が採用されやすいという日本独特の「入社」システムが縮小していき、そこから排除された若者が非正規労働に追いやられ、やがて年長フリーターとして労働市場に滞留していきました。これに対処するため、二〇〇〇年代以来、欧米流のジョブ型若者雇用政策が日本に輸入され、いくつも実行されてきましたが、社会全体としてはなおメンバーシップ型が主流である中で、その効果は限定的なものとならざるを得ません。そして牢固《ろうこ》として残るメンバーシップ感覚から繰り返し「仕分け」されるという運命にも遭いました。

一方、縮小する「入社」型の世界でも、ブラック企業現象や過度な成果主義といった逸脱的な事態が進行していき、「メンバーシップ」さえあれば幸福になれるという古き良き時代の常識が徐々に空洞化してきたのもこの時代です。

過去二〇年間の推移を一言でいえば、「メンバーシップ」型のシステムが縮小変容しつつもなお主流のコースとして厳然と存在する一方、そこからこぼれ落ちた人々は家計補助的であることを前提とした非正規労働という、欧米諸国のジョブ型労働者の水準にも到底及ばないような低劣な処遇に追いやられていくという、**労働市場の二極分化**が進んでいったと言えましょう。

「全員メンバーシップ型」処方箋の無理

実をいえば、この診断そのものについてはかなり多くの人々が共通の認識を持っていると思われます。問題は、この二極分化に対していかなる処方箋を書くかにあります。

ある意味で一番わかりやすいのは、「入社」型システムが縮小したからいけないのだ、かつてのように「企業に採用してもさしあたっては何の役にも立たないような、職業経験も知識も何も持たないような」新規学卒者が、「自分の希望するところへ就職することは困難であるとしても、ほぼ間違いなく全員が自分の就職先を見つけ出すことができる」ような古き良き社会に戻すべきだ、という考え方でしょう。

しかしながらそのような処方箋には大きな無理があります。何よりも、本書で繰り返し述べてきたように、日本の実定労働法制は基本的にジョブ型労働社会を前提として構築されています。メンバーシップ型のあり方はそうした法律の規定にもかかわらず現実の企業と労働者たちがその方が望ましいと判断して自主的自発的に作り上げてきた慣行に過ぎず、判例法理もそのような現実社会の慣行を前提として個々の事案にふさわしい解決が可能となるように結果的に形成されてきたものです。実定労働法の前提から逸脱したそのような慣行を、それ以外の労働のあり方が許されないような絶対的法的規範と思い込んで、企業や労働者に強制することができると考えるのは、日本の労働法の構造についてかなり大きな考え違いをしているというべきでしょう。

そして、そうした「**全員メンバーシップ**」型処方箋の**最大の問題点は**、「**メンバーシップ**」**型の働き方が職務や時間、空間の無限定という、本来労働者にとって容易に受け入れがたいはずの本質的な権利の放棄と抱き合わせになっている**ということに対して、あまり問題意識がなさそうに見えることとです。そうした**無限定性**が前章で述べた**ブラック企業現象を生み出す土壌**になっているということから目をそらしてはいけません。

「働き方だけを見たら一見『ブラック』だけど、長期的に見たら実は『ブラック』じゃない」古き良き無限定的な働き方を担保していた「長期的な保障」は、企業側が「人間力」を徹底的に見極めて選抜した「正社員」であって初めて確保されるものです。企業が長期的な保障なんかしたくないと思っている労働者を無理矢理に「正社員」にしろと押しつけたところで、保障なき「義務だけ正社員」を生み出すだけでしょう。それを規制しようとしたら、長期的な保障を担保していた無限定的な働き方を制約しなければなりません。古き良き「全員メンバーシップ」型処方箋はどっちにしても無理なのです。

「全員ジョブ型」処方箋の難点

それなら、もはや労働者全員に保障することは不可能なメンバーシップ型に対する未練は捨てて、欧米諸国ではごく当たり前の「全員ジョブ型」社会を目指すべきなのでしょうか。

本書で取り上げてきた本田由紀氏、今野晴貴氏などはそう考えているようです。そして、私自身も中長期的にはその方向性が望ましいと考えています。しかしながら、労働問題に限らずすべての分野に言えることですが、現実社会で様々な利害が絡み合っていることを前提にすると、なかなかそう簡単にきれいな処方箋を書くことは難しいのです。

若者雇用問題はとりわけ「全員ジョブ型」の処方箋を書くことが困難な領域です。その理由は既におわかりですよね。現実にはなお学校を卒業する若者たちの大部分が、「企業に採用してもさしあたっては何の役にも立たないような、職業経験も知識も何も持たない」存在でありながら、かつてのように「自分の希望するところへ就職することは困難であるとしても、ほぼ間違いなく全員が自分の就職先を見つけ出すことができる」わけではないとはいえ、それでもかなりの程度はなんとか正社員として就職できているという事実を無視するわけにはいかないからです。

欧米諸国のような**ジョブ型の社会というのは**、本書で繰り返し説明してきたとおり、**スキルのない若者が労働市場で一番不利益を被る社会**でもあります。若者雇用問題があって当たり前の社会なのです。だからこそ欧米諸国では、そういう若者をなんとかまともな仕事につけさせるために、職業教育訓練に力を入れ、彼らの「エンプロイアビリティ」を高めようと、若者雇用政策を進めてきているのです。

「全員ジョブ型」社会という処方箋は、「若者雇用問題がなくて当たり前の社会」はそもそも無理があるのだから、欧米のような「若者雇用問題があって当たり前の社会」になるべきだと言っているのと同じです。これはなかなか国民としても納得しがたいのではないでしょうか。

もちろん、それは「普通」の社会になるということなのだから、それでいいではないか、というのは、学者の議論としては十分あり得ます。しかしながら、現実社会の政策としては、それは本質的に困難を抱えているということが理解されると思います。

ＯＥＣＤの言う「勝ち組」とは？

ここで、「若者雇用問題があって当たり前の社会」の感覚をよく示している分析枠組みを紹介しましょう。二〇〇〇年代後半に世界の先進国クラブであるＯＥＣＤが若者雇用問題に関する比較研究プロジェクトを実施し、その成果が各国報告書及び統合報告書としてまとめられています。そのうち、日本に関する報告書と統合報告書は、私の監訳、中島ゆり氏の訳により、それぞれ『日本の若者と雇用』『世界の若者と雇用』（いずれも明石書店）として刊行されています。

その統合報告書の中で、学校から職業への移行がうまくいったかどうかで、若者を「勝ち組」「うまく入り込めなかった新参者」「取り残された若者」「教育に戻った若者」の四つに分けています（二四二ページ図表10）。さて、そこでの「勝ち組」（ハイ・パフォーマー）の定義は何だと思いますか？

ＯＥＣＤのいう「勝ち組」というのは、教育を離れた後の五年以上の期間、その期間の大部分（七〇％以上）において雇用に就いており、学校を離れてから初職を見つけるのにかかった期間が六か月未満の若者のことです。えっ？　それで「勝ち組」なの？　と多くの日本

図表10　高校生の学校から職業への主要な移行経路

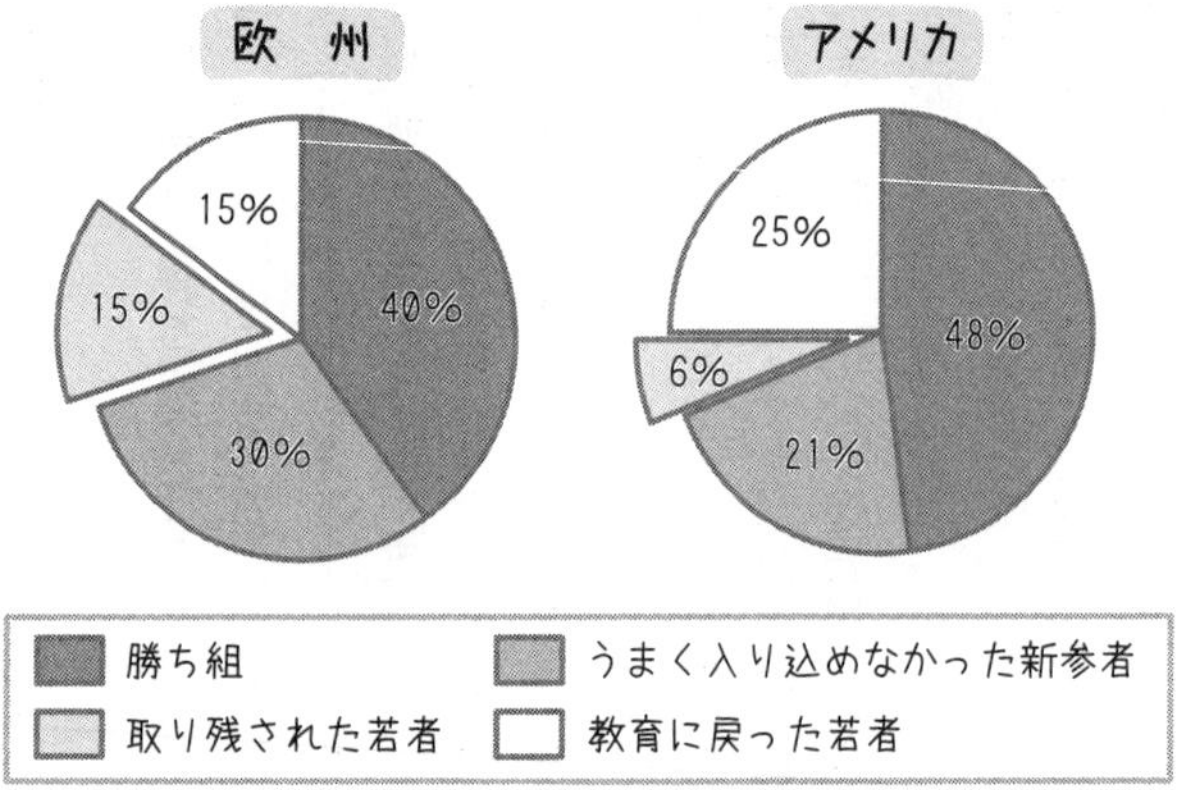

人は思うでしょう。そう、それで勝ち組なのです。それが、若者雇用問題があって当たり前の欧米社会の常識なのです。「ほぼ間違いなく全員が自分の就職先を見つけ出すことができ」たかつての**日本から見れば**、若者雇用問題がなくて当たり前だった日本から見れば、とても**「勝ち組」に見えないような若者が「勝ち組」であるのが欧米のジョブ型社会**なのです。

それで納得する人はいいですが、多くの人々はそう簡単に納得しないはずです。むしろ、OECDの分析からすれば「勝ち組」どころか超勝ち組——大多数の若者がスキルなど全然なくても卒業と同時にすいすいと「入社」していけるすばらしい社会をなぜ捨てなければならないのだ、という批判が怒濤《どとう》のごとく押し寄せることでしょう。

世の流行の議論とは逆に、ここで「入社」型社会であるがゆえに得をしているのは誰よりもまず、いままさに学校を卒業しようとしている現役の若者たちであり、そのことのツケが回されて悲惨な目に遭っているのはそこでこぼれ落ちたために非正規労働のまま中年になりつつあるかつての若者たちです。この非対称的な構造を前提にして、スキルを身につけていない――身につける必要なんかないと言われてきた若者たちをいきなりジョブ型社会に放り出すという処方箋は、やはり現実可能性が乏しいと言わざるを得ません。

何より、いままでメンバーシップ型中心でやって来た日本社会には、ジョブ型の外部労働市場機構はまだまだ確立していません。労働者がみんな「仕事というレッテル」をぶら下げ、そのレッテルによって自分を労働市場に登録し、会社側もそれを目当てに求人を行う、といった仕組みは極めて周辺的なものにとどまっています。二〇〇〇年代になってから部分的にそれを目指した試みがなされてきているとはいえ、ときどき「仕分け」られることすらあります。そんな未発達な状態のまま「全員ジョブ型」の処方箋を示すのは無責任のそしりを免れないでしょう。

2 漸進戦略としての「ジョブ型正社員」

第三の類型としての「ジョブ型正社員」

そこで、非現実的な「全員メンバーシップ型」処方箋でも、「全員ジョブ型」処方箋でもない、第三の現実的なシナリオとして、近年私は「**ジョブ型正社員**」の推進を唱えています。ジョブ型正社員とは、日本の正社員のような無限定の義務を負うことはなく、職務や勤務場所、労働時間が限定されている無期雇用契約の労働者のことをいいます。本書で繰り返し述べてきた欧米の普通の労働者であり、ジョブ型労働者そのものです。ただし、いきなりすべての労働者をジョブ型にしようとするのではなく、現在不本意に非正規労働者になっていたり、不本意にメンバーシップ型正社員になっている人々に、「ジョブ型正社員」という形でよりふさわしい雇用関係の受け皿を提供しようというものです。現在の日本の労働社会が、無限定の義務を負うメンバーシップ型正社員と家計補助的低労働条件の非正規労働者という形で二極分解しつつあることに対し、その間に第三の類型を構築することで、対処しようという発想です。

既存のメンバーシップ型正社員をしばらく——当分は主流の存在として残しておきながら、それとは明確に異なる雇用のあり方として職務や労働時間、勤務場所が限定されていることが前提の「ジョブ型正社員」を確立し、徐々に拡大発展させていこうというシナリオですので、いわば漸進戦略と言えましょう。

反復更新された有期契約からジョブ型正社員へ

この戦略は中長期的にはメンバーシップ型正社員を本来あるべき姿としてのジョブ型にシフトさせていくという目標もありますが、当面重要なのは、本当は学校卒業時に正社員として就職したかったのにそれがかなわず、不本意な形で非正規労働者として働いている人々です。

もちろん、世の中にははじめから臨時的、一時的な労働需要というのはあり、それに対応するためにははじめから臨時的、一時的な雇用契約を結ぶことも何らおかしなことではありません。しかしながら、今日四割近くまで増大した非正規労働者の就いている仕事が、本当にはじめから臨時的、一時的な仕事かというと、かなりのものはそうではないでしょう。その証拠に、期間を定めた雇用契約を結んでいながら、期間が満了したらそれを更新してまた有期契約を結ぶ、それを何回も繰り返して五年も一〇年も非正規労働者として同じ仕事を続けているという人々がかなりの数に上るのです。

ところがそういう現実には「常用」的に働いている人々であっても、契約上は期間を定めた雇用契約ですから、何遍も反復更新してきたあげくに期間満了で雇用終了ですよと言われる危険性は常にあります。特に問題は、その仕事がなくなったから雇止めされるというだけではなく、非正規労働者としての労働条件に苦情を言ったりしたことが憎まれて、仕事はちゃんとあり、その仕事をちゃんとやっているのに、期間満了で雇用は終了したから明日から来なくていいと言われたりすることが結構多いということです。

図表11は、総務省統計局の『就業構造基本調査』をもとに東京大学大学院情報学環の佐藤博樹氏が作成したものですが、一九八七年と比べて二〇年後の二〇〇七年に非正規雇用が大幅に増えているとはいえ、実は**増えたのは臨時型の非正規雇用ではなく、常用型の非正規雇用**、つまり仕事自体は一時的ではなくずっと恒常的にあるのに、雇用契約は有期にしておいて、反復更新でつないでいくというやり方であったことがわかります。

かつてであれば正社員としていたであろうこの人々をわざわざ有期契約の反復更新というやり方で常用型の非正規雇用にしてきた理由は、なんと言っても無限定型の正社員として雇ってしまうと、その仕事がなくなったときにも整理解雇することが難しく、社内のほかの仕事に回して雇用を維持することが求められてしまうからでしょう。そこが、仕事の切れ目が

図表11　雇用構造の３層化

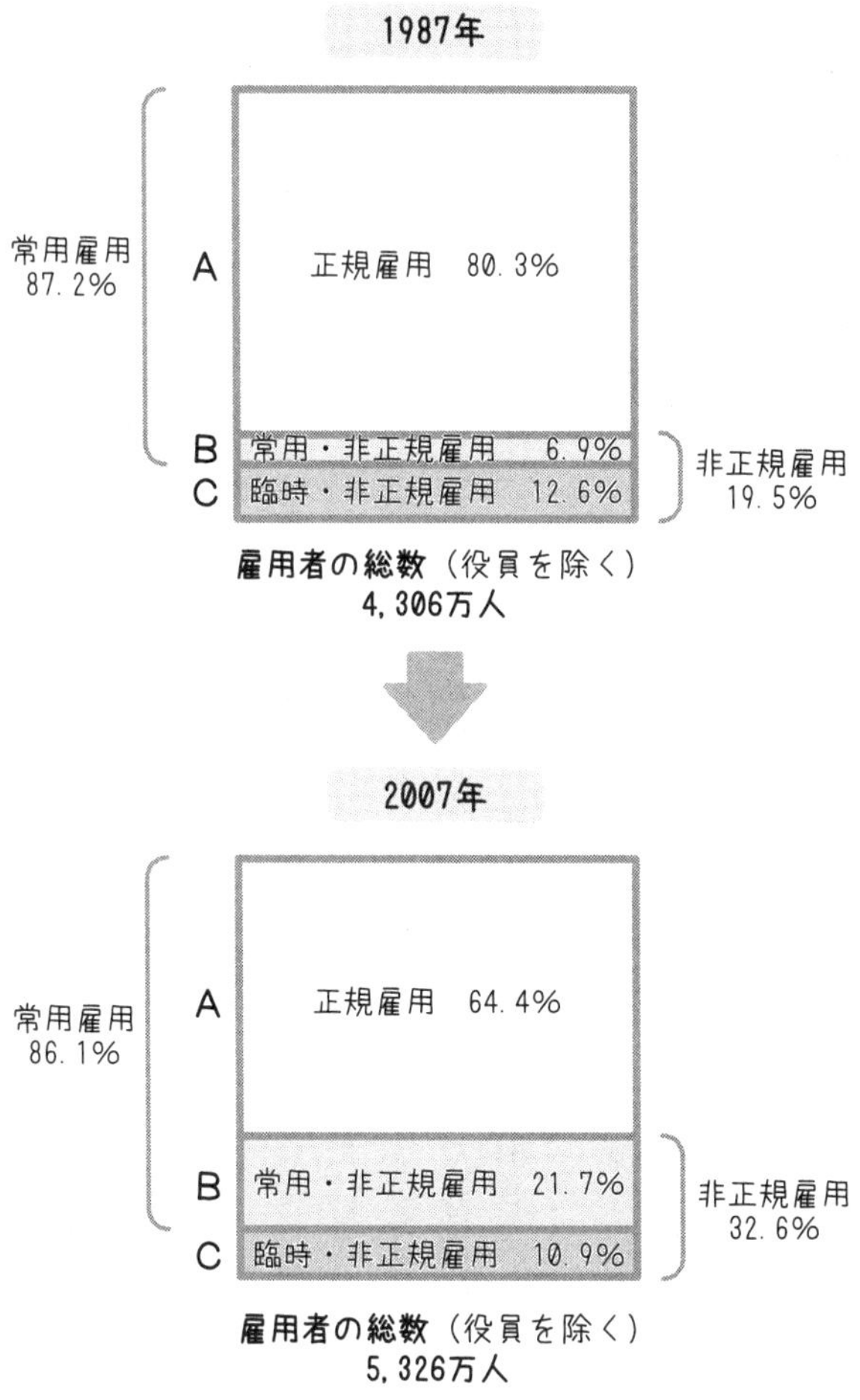
1987年
常用雇用
87.2%
A
正規雇用　80.3%
B
常用・非正規雇用　6.9%
C
臨時・非正規雇用　12.6%
非正規雇用
19.5%
雇用者の総数（役員を除く）
4,306万人
2007年
常用雇用
86.1%
A
正規雇用　64.4%
B
常用・非正規雇用　21.7%
C
臨時・非正規雇用　10.9%
非正規雇用
32.6%
雇用者の総数（役員を除く）
5,326万人

雇用の切れ目とあっさり解雇できる欧米の社会と異なるところです。もちろん、日本の企業はそうした解雇権への制約を上回るほどの利益を、職務や時間、空間の無限定な働き方を正社員に要求できることから得ていたからこそ、あえてそういう選択をしていたわけです。しかし、第4章で見た日経連の『新時代の「日本的経営」』は、そうした正社員は少数精鋭に絞っていくという方向を指し示したわけです。

結果的にその後進んできたのは、当面仕事は恒常的に存在しており、それゆえに欧米社会であれば無期雇用契約で雇うのが当たり前であるような場合であっても、「正社員」にはしないで有期契約で雇うという企業行動でした。その結果「正社員」から排除された非正規労働者たちにあてがわれたのが、『新時代の「日本的経営」』が曖昧な形で示した高度専門能力活用型というよりも、従来のパート、アルバイトの延長線上の雇用柔軟型の働き方であったことは既に述べたとおりです。

この不本意な形で非正規労働に追いやられている人々を、メンバーシップ型の正社員にしろと要求してみても、そもそもそれは無理だからこうなってきている以上、現実に可能な話ではありません。そこで登場するのがジョブ型正社員です。

二〇一二年労働契約法改正

実は、非正規労働者をジョブ型正社員にするというのは、二〇一二年に改正された労働契約法がやや暗黙裡な形で指し示していることなのです。この法改正は、非正規労働の主たる形態である有期労働契約が、本来の臨時的、一時的な必要に応ずるための雇用形態という域を超えて過度に利用されていることに対する問題意識から、**五年以上有期契約を反復更新してきた有期契約労働者が希望すれば無期契約に転換できる**という新たな規定を設けました。その他に、有期労働者と無期労働者の労働条件の格差は合理的と認められるものでなければならないという規定もあります。

重要なのはもちろん、五年反復更新すれば有期契約が無期契約に転換できるという規定です。ここで質問です。この規定に基づいて期間の定めがなくなった労働者は、「正社員」でしょうか。

特に何もしなければ「正社員」ではありませんね。なぜなら、通常非正規労働者は職務も労働時間も勤務地も限定して雇われることが普通だからです。その意味では日本の非正規労働者の方が欧米の普通の労働者に近いのです。そういう限定された非正規労働者の契約が、期間の定めがあるという一点だけが期間の定めがないものに変わるだけなのですから、その結果生まれる契約は、期間の定めはないけれども職務や時間、空間についてはそれまでと同様限定されている契約ということになるはずです。これは、厚生労働省が出した通達でも示されています。

そんなものに何の意味があるのか？　と思う人もいるかもしれませんが、それは有期契約というものが労働者に与えるプレッシャーというものに対して理解が足りないと思います。

東京大学法学部の荒木尚志氏が強調する点ですが、期間満了後の更新が保障されていないという状況下では、いかに労働法上の権利があっても、それを行使したら会社側が次の更新を拒否するのではないかと恐れて、労働条件の改善やセクハラ、パワハラの訴えを控えてしまいがちです。契約が無期になることで、仕事がある限りは不当な解雇から守られることになるわけですから、その意義は決して小さいものではありません。逆に、企業経営の都合で仕事自体がなくなったり縮小したりすれば、職務や勤務地が限定されている以上整理解雇される可能性は十分あります。その点は欧米の普通の労働者とまったく変わりません。

私は、この改正労働契約法によって生み出される期間の定めのない職務や時間、空間の限定された雇用契約こそが、ジョブ型正社員と呼ぶべき人々の核になるのではないかと考えています。今まで**メンバーシップ型正社員と家計補助的非正規労働者の二分法の中で不本意な非正規労働を余儀なくされていた人々にとって、ジョブ型正社員という道が開けてくる**のです。

法律を厳密に読めば、五年反復更新して無期になる権利が生ずるのは法が施行されてから五年後、つまり二〇一八年からということになりますが、それを待つことなく、法の精神に基づいて、今からでも仕事自体は恒常的に見込まれるような有期契約の無期化をどんどん進めていってもらいたいと思います。

3 「一般職」からジョブ型正社員へ

「女性正社員」の時代

若者雇用問題とは若干離れるかもしれませんが、私はこのジョブ型正社員という新たな類型を明確化することは、これまで事実上それに近い存在でありながら主流の議論では無視されがちだった「**一般職」という働き方**を、より適切な形で位置づけ直すことにもつながるのではないかと考えています。

かつて日本型雇用システムが確立していた頃、本書で説明してきたような「正社員」の概念に当てはまるのは実は男性正社員だけでした。そして、職場には女性正社員もたくさんいたのです。しかし男女雇用機会均等法以前の日本では、男女に異なる人事労務管理を適用することはまったく当たり前のことと考えられ、何の疑問も抱かれていませんでした。その頃の女性正社員モデルは一言でいうと、新規学卒採用から結婚退職までの短期的メンバーシップに基づく補助的業務ということができます。

男性正社員が定年退職までの長期勤続を前提にして、手厚い教育訓練を受け、配置転換を繰り返していくのに対して、女性正社員はそういった雇用管理からは排除されていました。しかし、結婚退職（「寿退社」という言葉もありました）までは正社員としてのメリットをそれなりに享受できたので、それを男女差別と捉える考え方はほとんど見られませんでした。会社側にとっても賃金の安い若い時期だけ使えるので、正社員として位置づけることにデメリットはなかったのです。

短期勤続が前提とはいえ、ある程度は勤続してもらわなければ補助業務といえども円滑に回りません。そのため、結婚適齢期まである程度の勤続が見込まれる高卒女性がもっぱら採用の対象となり、その後は短大卒に移行しましたが、四年制大学卒の女性は長らく排除されていました。女性を男性並みに扱う気がなければ、そういう採用方針になるわけです。

興味深いことに、遠隔地への配転を拒否した男性正社員に対しては懲戒解雇も当然だと冷たく言い放つ日本の裁判所が、和歌山から大阪への配転を拒否した女性正社員に対しては、「勤務の場所は、……当時及び将来の生活上極めて重要な意義を有するもの」であるから「勤務場所について明示的に限定する旨の合意……のない本件においても、……勤務場所を和歌山市とする旨の暗黙の合意がなされいたものと推認するのが相当」（一九七九年、ブック・ローン事件）と、男性であれば考えられない判決を下していました。**男性と女性は同じ正社員といっても異なる雇用類型に属していた**のでしょう。

コース別雇用管理

男女別扱いが大前提の日本の企業社会に対し、一九八五年に制定された男女雇用機会均等法は一定の変化を求めました。その結果生み出されたのが「コース別雇用管理」という仕組みです。これは、「総合職」と呼ばれる基幹的な業務に従事する「職種」と、「一般職」と呼ばれる補助的な業務に従事する「職種」を区分し、それぞれに対応する人事制度を用意するというものです。この「職種」という言葉は、驚くべきことに男女雇用機会均等法の第六条（「労働者の職種及び雇用形態の変更」）にまで出てきます。日本国の法律は、ジョブの中身とはほとんど関係のないコースの違いに「職種」という言葉を用いているのですね。外国人に聞かせたら、それだけで小一時間くらい話のネタになりそうな規定です。

それはともかく、このジョブと無関係な「職種」概念は、要するにそれまでの**男性正社員の働き方と女性正社員の働き方をコースとして明確化しようとした**ものでした。ただ、男女均等法制に対応したものにするために、女性でも総合職になれるし、男性が一般職になることもあり得るという仕組みにしたわけです。

実際には、総合職にて転勤に応じられることという条件がつけられることが多く、家庭責任を負った既婚女性にはこれに応えることは困難でした。やがて企業の人事管理も変わっていき、それまで**一般職正社員という形で採用していた女性たちを、派遣労働者その他の非正規雇用形態に切り替える傾向**が出てきました。正社員の少数精鋭化が進められる中で、女性一般職という存在自体、存在を許されない贅沢と見なされるようになっていったのかもしれません。

「一般職」からジョブ型正社員へ

しかし、改めて考えてみれば、職務が限定的で配置転換の可能性もほとんどない一般職というモデルは、結婚退職などといった公序良俗に反する慣行を前提にしていることを別にすれば、実はそれこそ欧米社会で一般的な労働者の姿そのものです。まさか、だから「一般職」と名付けたわけでもないのでしょうが、そういう「一般的」な労働者の在り方があまり認められない、とりわけ男性にはほとんど許されないというのは、日本の労働社会がいかに「一般的」でないかを雄弁に物語っているようでもあります。

この感覚は二〇一〇年代の日本でもなお強固に残っていると見え、「日経ビジネスオンライン」に二〇一〇年四月に掲載された「ゆとり世代は男子も『一般職』」という記事では、冒頭から「一般職に、男ですよ」と揶揄《やゆ》的な調子で、「遠方への転勤がないから」という理由で一般職を志望した男子学生に対し、「一般職に応募する男性は、まず採用しない」と批判しています。一方で**ワーク・ライフ・バランスといった言葉を踊らせていても、本音では伝統的な無限定社員のみを求める企業社会の姿**をよく示すエピソードと言えましょう。

しかしここであえて一般職といういささか古くさく見える概念を持ちだしたのは、それを若干修正することで、欧米社会で一般的な労働者の姿を日本の既存のシステムの中に見いだすことができるかもしれないからです。ジョブ型正社員というモデルをいささかの誤解を恐れずに近似的に表現するならば、それは**男性も女性もデフォルトで一般職になれるようにしようよ**、ということになるのではないでしょうか。これは、反復更新された有期契約からの道筋と並ぶ、もう一つのジョブ型正社員への道と位置づけられるように思われます。

4 ノンエリート労働者の自立

幹部候補ではない正社員

ジョブ型正社員という提起は、前章で見たブラック企業問題に対する処方箋という意味も大きいのです。『ブラック企業』の著者今野晴貴氏は、私との対談「ブラック企業を正しく批判せよ！」（『POSSE』第一七号）の中で、「ブラック企業に対する対案はノンエリートでなければいけません」と語っています。それはどういうことなのでしょうか。

本書の第1章、第2章で見てきた日本的なメンバーシップ型正社員、正確には前節で見た女性正社員（後の「一般職」）を除く男性正社員（「総合職」）のもう一つの特徴は、彼らが少なくとも建前上は全員幹部候補として採用されるということにあります。そしてそれが、管理職ではないのに管理職になったつもりの無限定な働き方を主観的に正当化する大きな要因になっているのです。

この点を皮肉な目線で論じているのがリクルート出身でニッチモ代表の海老原嗣生氏です。海老原氏は『就職、絶望期』（扶桑社新書）の中で、欧米ではフランスのカードルやアメリ

図表12　幹部候補の各国比較

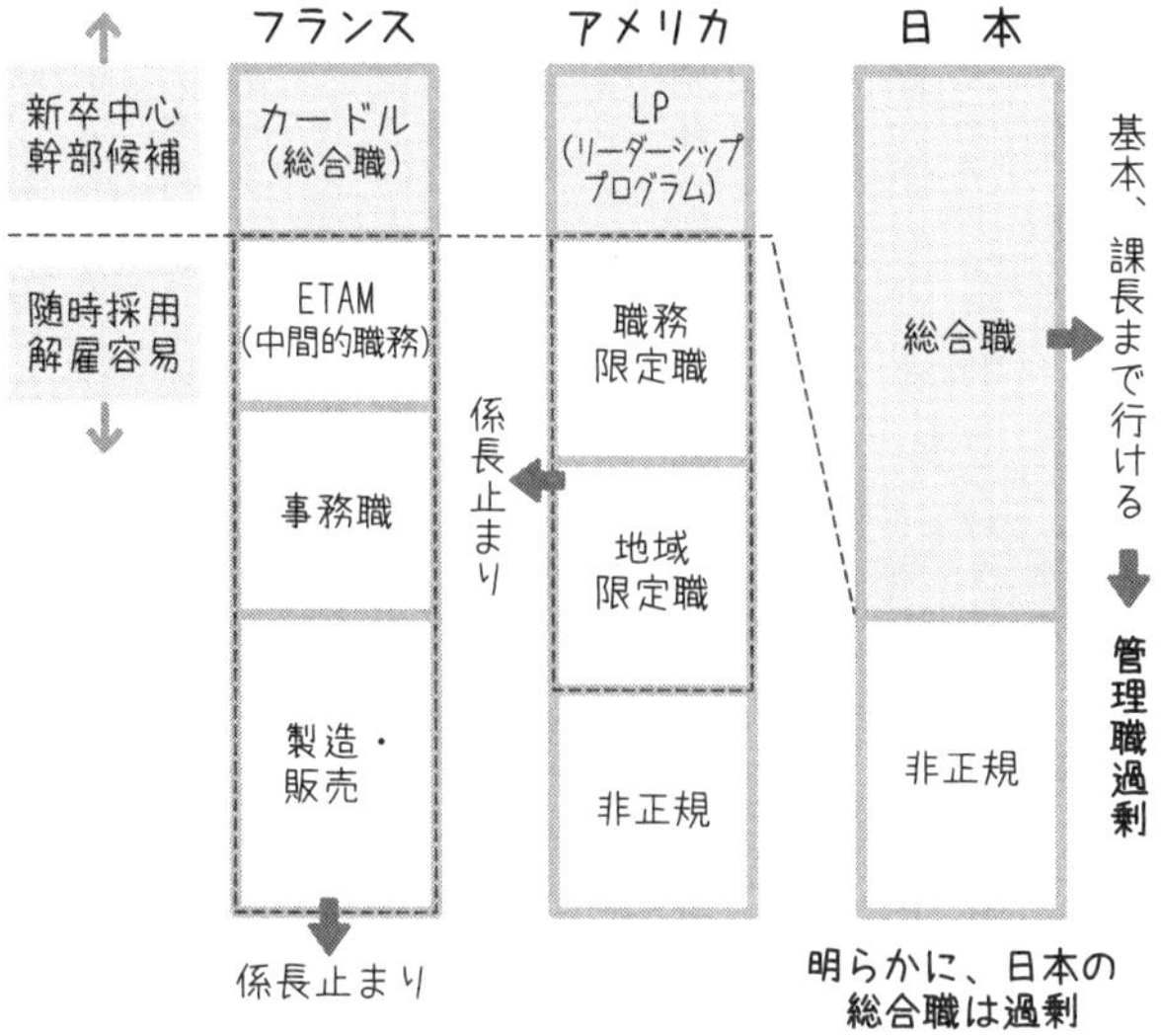

カのリーダーシッププログラムなど幹部候補は少数であるのに対して、**日本では（男性）正社員はすべて総合職ですべて幹部候補という点が決定的な違い**であると指摘しています（図表12）。

　そしてそれが「働かない熟年」「名ばかり管理職」を生み出す原因であるとして、職務や地域を限定した幹部候補ではない正社員を設けることを提唱しているのです。海老原氏がいう「係長止まり」の限定職は、まさに私のジョブ型正社員と符合します。

僕たちはガンダムのジムである

同じような話を違う形で語っているのは、同じくリクルート出身の常見陽平氏です。常見氏は『僕たちはガンダムのジムである』（ヴィレッジブックス）の中で、「僕たち」つまり多くの普通のサラリーマンは、「ガンダム」つまり活躍する主人公ではなく、「ジム」つまり量産型のノンエリートなのだと述べ、しかし「ガンダム」になる必要なんかない、「世の中は1％の『すごい人（ガンダム）』ではなく99％の『その他大勢（ジム）』が動かしている」のだと、ジムとして生き方を称揚するのです。ガンダム世代でないと理解しにくいところもありますが、メッセージとしては極めて明確です。

近年になって人材ビジネスの系譜にある人々から指摘されるようになったこの点を、はるか以前から語り続けていたのが長く甲南大学で教えてきた熊沢誠氏です。熊沢氏は、日本型雇用システムを礼賛する声が世に満ちあふれていた一九八一年に、『ノンエリートの自立』（有斐閣選書）というタイトルの本を出し、ノンエリート労働者としての自覚に基づいた労働組合運動を説いていました。熊沢氏が近年出された『若者が働くとき』（ミネルヴァ書房）、『格差社会ニッポンで働くということ』（岩波書店）、『労働組合運動とはなにか』（岩波書店）などでも、このメッセージが基調低音として鳴り続けています。前記今野氏の発言にも、その影響が感じられます。

ここにも、ジョブ型正社員を構想する上で不可欠な労働者像が提示されているように思われます。

5 ジョブ型正社員とは？

「多様な正社員」を念頭に

改めて振り返ってみると、伝統的な日本型雇用システムでは、成人男性を前提にしたメンバーシップ型の「正社員」を中心に置き、主婦や学生を前提にしたジョブ型の非正規労働者を周辺に配置するというやり方をとってきましたが、一九九〇年代以降「正社員」を縮小し、非正規労働者を拡大させるという人事戦略が進められてきました。こうして「正社員」システムから排除され、非正規のまま年長フリーターとして取り残されていった若者たちを再吸収すべき受け皿としての雇用形態として、本章では旧来のメンバーシップ型「正社員」ではない「ジョブ型正社員」を提起してきました。

それは同時に、**労働条件の劣悪な非正規労働者になりたくなければ、職務も労働時間も勤務場所も無限定のメンバーシップ型「正社員」になることを受け入れなければならない、と**

いう在り方についても考え直すということでもあります。

日本のパート労働法第八条は、「当該事業主との雇用関係が終了するまでの全期間において、その職務の内容及び配置が……変更されると見込まれる」ことを「通常の労働者」の要件として規定しています。裏を返せば、欧米社会で「通常の労働者」と見なされる「その職務の内容及び配置が変更されると見込まれ」ないような者は、雇用契約が期間の定めがなくフルタイムで直接雇用であったとしても、「通常の労働者」とは扱ってくれないのです。実際には上述のように、女性正社員やそれを受け継いだ一般職正社員は、相当程度「その職務の内容及び配置が変更されると見込まれ」ない人々でしたが、それは必ずしも明確化されたものではありませんでした。

そこで近年、正面から職務限定や勤務地限定を明確にした期間の定めのない雇用契約を積極的に拡大していこうという考え方が政府の研究会などからも示されています。例えば、二〇一〇年七月にまとめられた雇用政策研究会報告「持続可能な活力ある社会を実現する経済・雇用システム」では、正規・非正規の二極化構造を解消し、雇用形態の多様化を目指すとして、具体的に金融業や小売業で見られ始めた「職種限定正社員」や「勤務地限定正社員」といった、**業務や勤務地等を限定した契約期間に定めのない雇用形態を「多様な正社員」として推進していくこと**を提起しています。また二〇一二年三月の非正規雇用のビジョンに関する懇談会報告「望ましい働き方ビジョン」でも、無期、フルタイム、直接雇用に加えて年功的処遇や勤務地や業務内容の限定がなく時間外労働があることまでを満たす典型的な正規雇用だけではなく、勤務地や業務を限定する「多様な正社員」を念頭に正規雇用化を進めることを提起しています。

ジョブ型正社員の構想

ここで改めて、「ジョブ型正社員」という言葉で表現している働き方のイメージをまとめておきたいと思います。これは、『改革者』という雑誌の二〇一〇年一一月号に寄せた「職務を定めた無期契約を――『ジョブ型正社員制度』が二極化を防ぐ」という文章の一部を若干書き直したものです。なおこの文章は、児美川孝一郎氏の編纂になる『これが論点！就職問題』（日本図書センター）という若者雇用問題に関するアンソロジーの巻末に収録されました。

彼ら**ジョブ型正社員の雇用契約は職務《ジョブ》、労働時間、就業場所を定めた期間の定めのない雇用契約**です。そのため、職務を超える配転はありませんが、その職務がある限り原則として解雇から保護されます。逆に言えば、当該職務がなくなったり、職務の絶対量が縮小すれば他の職務に配転することで雇用を保障する義務はなく、労使協議により対象者を選定することを条件に整理解雇が正当とされます。また、時間外労働や転勤に応じる義務は原則としてありませんが、その代わり**リストラ時に残業削減の余地はなく、直ちに整理解雇が始まります**。もっとも、労働時間を減らして賃金を分け合う本来的ワークシェアリングはありえますし、一時的な不況期にはむしろその方が望ましいでしょう。

彼らの賃金は（月単位で支給されたとしても）時間単位で投入労働量に応じて計算されます。つまり実質的には時給制です。義務のない時間外・休日労働を労働者の同意を得て行わせた場合には、高率の割増賃金を支払わなければなりません。また賃金の決定原理は当該職務に対応する職務給ですが、若年期には勤続による習熟に対応した一定の年功的昇級がなされるでしょう。さらに、教育訓練もその職務系列の上位に昇進するためのものにとどまります。

本章で強調した非正規労働者からジョブ型正社員に移行するルートを確立するとともに、自分の職務を大事にしたい、自分の時間を大事にしたい、自分の住む場所を大事にしたいと考える正社員がジョブ型正社員に転換するルートを明確化することも必要です。掛け声ばかり大きい割に具体的なイメージが曖昧なワーク・ライフ・バランスの一つの典型像として、**雇用保障の縮小と引き替えに職務限定、時間限定、場所限定を権利として持つジョブ型正社員へ**の移行を提示することには意味があります。その意味では「ワーク・ライフ・バランス

ジョブ型正社員とは？

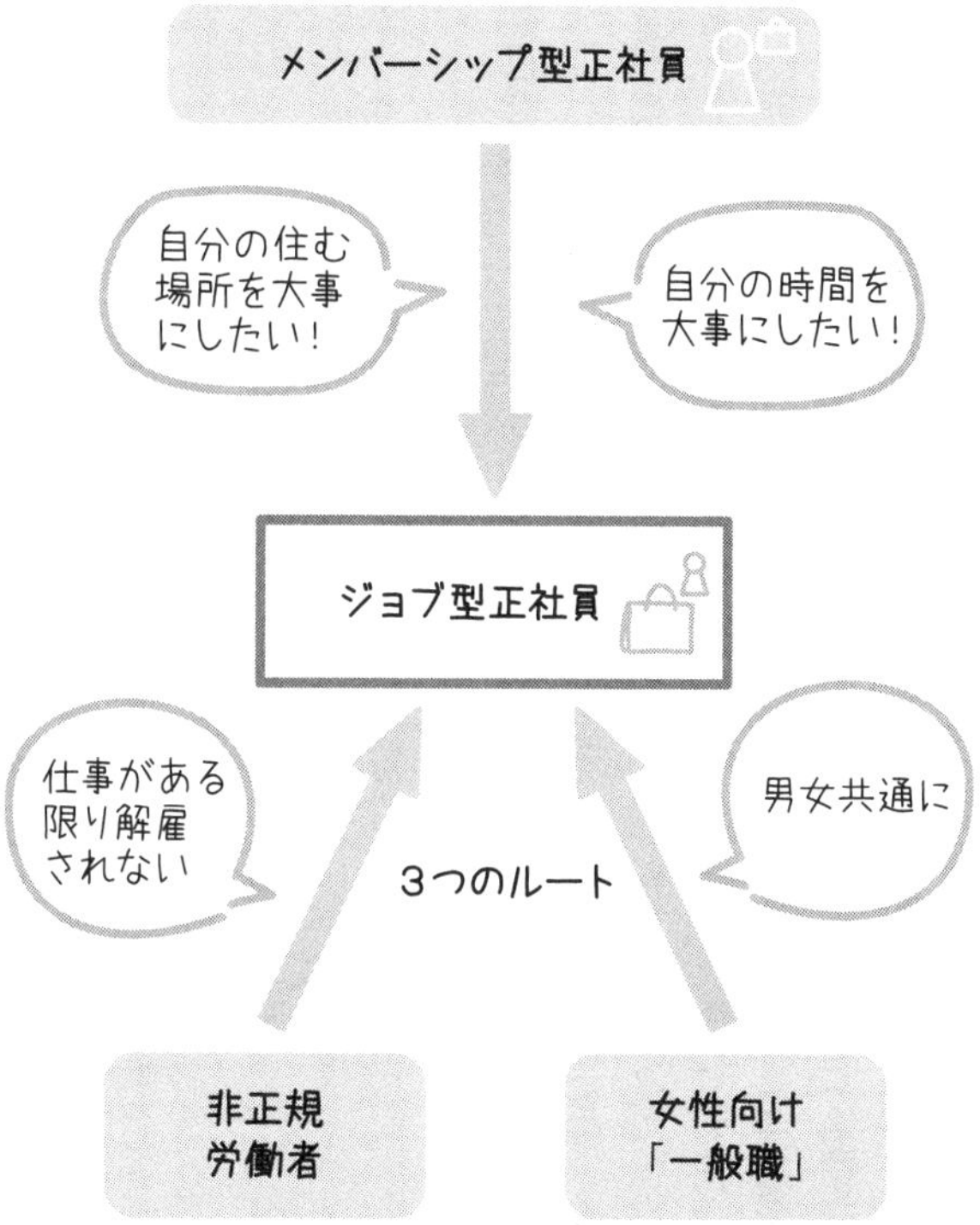

メンバーシップ型正社員
自分の住む場所を大事にしたい！
自分の時間を大事にしたい！
ジョブ型正社員
仕事がある限り解雇されない
男女共通に
3つのルート
非正規労働者
女性向け「一般職」

型正社員」と呼んでもいいかもしれません。

当面は今までの正社員や非正規労働者から希望に応じてジョブ型正社員に移行するという形にならざるを得ませんが、どこかで雇用契約のデフォルトルールはジョブ型正社員とすることを考える必要が出てくるのではないでしょうか。

6 真の日本版デュアル・システムへ

ジョブ型正社員を確立するために必要な「就職型」教育システム

以上のように、**反復更新された有期契約からジョブ型正社員への移行、女性向け「一般職」から男女共通のジョブ型正社員への移行**、そして他に選択肢がないゆえに不本意にメンバーシップ型正社員として働いてきたが、本当は自分の職務を大事にしたい、自分の時間を大事にしたい、自分の住む場所を大事にしたいと考える**正社員からジョブ型正社員への移行**、という三つのルートを経て、**二極分化した日本の労働社会の中にジョブ型正社員という普遍的な働き方のモデルを徐々に構築していく**、というのが、本章が読者の皆さんに提示するシナリオです。

その延長線上には、非正規労働者や一般職、メンバーシップ型正社員といったカテゴリーからジョブ型正社員に移行するというルートだけではなく、はじめから、つまり学校を卒業して就職する時点から文字通り就「職」、ジョブ型正社員として働き始めるというルートを構築していくことも課題になってくるでしょう。

そうした「はじめからジョブ型正社員」を現実化していくために絶対に必要不可欠なのが、「入社型」教育システムから「就職型」教育システムへの移行です。学校を卒業したばかりで職業経験がなくても、少なくとも特定の職業教育を受けたという形で「仕事」という「レッテルをぶら下げる」ことが可能な仕組みを作り出すことです。ここが危ういままでは、先に述べたように日本が「若者雇用問題があって当たり前の社会」になっただけという結果に終わってしまいます。

職業教育の復権強化を

その意味で、第3章で見た「教育と職業の密接な無関係」を名実ともに「密接な関係」に転換していくこと、言い換えれば職業教育の冷遇を改め、職業的意義《レリバンス》のある教育を一般化していくことが何より重要です。

実をいえば、高校教育レベルでは二一世紀になってからそれまでの方向性が若干変化してきています。文部科学省は二〇〇三年度から、先端的な技術・技能を取り入れた教育や伝統的な産業に関する学習を重点的に行っている専門高校を「目指せスペシャリスト（スーパー専門高校）」として指定し、将来のスペシャリストの育成を図る事業を行ってきました。第5章でやや批判的に取り上げた文部科学省版デュアル・システムも、職場見学に毛が生えた程度とはいうものの、職業教育の復権強化という流れの一環と評価することができるでしょう。

その意味で問題が多いのは大学教育です。大学は今や同世代人口の過半数を収容する大衆教育機関になっているにもかかわらず、学校教育法上はなお「学術の中心として、広く知識を授けるとともに、深く専門の学芸を教授研究し、知的、道徳的及び応用的能力を展開させること」が目的とされ（第八三条）、「職業」という言葉はまったく出てきません。

大変皮肉なことに、二〇〇二年の改正で大学院については「高度の専門性が求められる職業を担うための深い学識及び卓越した能力を培うこと」を目的とする「専門職大学院」が設けられている（第九九条の二）のに、そこまで高度ではない**大学はアカデミックな機関という位置づけのまま**なのです。

もっとも、理工系学部においては学術研究と技術者としての職業教育とが密接不可分であり、学部卒業生のかなりの部分が大学院修士課程に進学し、就職していくという形をとっているため、（いわゆるオーバードクター問題は存在しますが）高等職業教育機関としての矛盾はあまりないということもできます。

これに対し、**文科系学部は問題の塊**です。とりわけ経済学部や文学部などは、その学術研究機関としての建前からくる高度にアカデミックな教育と、現実の就職先で求められる職業能力とのギャップをどう埋めるのかという解きほぐしがたい問題に直面しています。

「職業大学」への動きとその矮小な帰結

こうした中で文部科学省の中央教育審議会が二〇一一年一月に答申した「今後の学校におけるキャリア教育・職業教育の在り方について」は、大変興味深い提案を含んでいました。それは、**高等教育レベルにおいて新たな「職業実践的な教育に特化した枠組み」を提起**したことです。これは、議論の過程では「**職業大学**」という言い方もされていて、大学の位置づけを大きく変える可能性も秘めていたと思われます。

この答申は、卓越した又は熟達した実務経験を主な基盤として実践的な知識・技術等を教授するための教員資格、教員組織、教育内容、教育方法等やその質を担保する仕組みを具備した新たな枠組みを制度化し、その振興を図ることを求めています。そして経済成長を支える人づくりへの対応、生涯にわたる学習活動と職業生活の両立、教育の質の保証、進路選択の拡大と職業実践的な教育の適切な評価といった課題を指摘し、修業年限二〜四年、職業実践的な演習型授業が四〜五割、教員資格は実務卓越性を重視など、具体的な構想を示しています。

この提案がどのような形で実現するのか注目されていましたが、二〇一三年に入ってからのいくつかの新聞報道によると、**専修学校の枠の中に「職業実践専門課程」というコースを置くという話に矮小化《わいしょうか》**されてしまったようです。言うまでもなく、専修学校とは昔の各種学校で、学校教育法上も「職業若しくは実際生活に必要な能力を育成し、又は教養の向上を図ること」(第一二四条)が目的です。もともと職業実践的な教育機関である専修学校に改めて「職業実践専門課程」を置くというのはいかにも意味不明の帰結です。報道によると、これは大学・短大関係者の異論のせいだということですが、何にせよ大学が職業実践的な教育から隔離されたアカデミックな機関だという壮大なフィクションをいつまで守り続けるつもりなのか、それ自体極めて興味深いところです。

真の日本版デュアル・システムの構築

こうした「教育と職業の密接な関係」に向けた政策の延長線上には、本当の意味でのデュアル・システムを構築するという課題が待っています。二〇〇四年度から行われた日本版デユアル・システムというのは、第5章で見たように厚生労働省版にしても文部科学省版にしても、名前の元になったドイツのデュアル・システムとは似ても似つかぬ制度でした。しかし、雇用システムも教育システムもまったく異なるドイツの仕組みをそのまま導入することなどはじめからまったく無理である以上、それはやむを得ないものでもありました。

しかしながら、今後社会の中にジョブ型正社員が次第に増えていき、教育と職業の関係をより密接なものにしていこうとするならば、その将来像の一つとしてドイツ型に近い真の日本版デュアル・システムを構想していくことが求められるように思います。

ドイツのデュアル・システムについては第5章でやや詳しく説明しましたが、高校や大学の教育と企業現場の実習を半端でなく、同じくらいの分量で組み合わせるものです。高校の三年間、毎週の週日のうち三日間は学校に通って基礎科目や職業科目について勉強をし、残りの二日間は企業現場に通ってそこの管理者や先輩労働者に教わりながら実際に作業をやって、職業技能を身につけていくというパートタイム型もあれば、数か月間は学校に通って勉強をし、次の数か月間はずっと企業現場で作業をするというブロック型のやり方もありますが、いずれにしても、座学と実習の両方ともずっしりと重い大変本格的な「組み合わせ方」なのです。

今までの日本ではスキルのない若者を「人間力」で採用して、企業現場のＯＪＴで鍛え上げていくというやり方をするところを、いわば**学校教育段階に大幅に前倒しして、パートタイムの生徒や学生であると同時に企業のパートタイム労働者でもあるという形で職業教育訓練を遂行する仕組み**と考えれば、本質的に共通する部分もあることがわかります。

それをどのように設計し、日本社会の中に埋め込んでいけるのか、それこそが私たちがこれから中長期的なスパンで真剣に取り組んでいかなければならない大きな課題だと思うのです。

学習と労働の組み合わせ

こうした政策の方向性は、近年OECDやEUが強く加盟国に慫慂《しょうよう》しているものでもあります。先に引用した私の監訳によるOECDの『世界の若者と雇用』では、教育を離れる年齢と学習と労働の組み合わせによって加盟国を四つの類型に分類しています（図表13）。

第一グループ（象限A）は、北欧やオランダなどの「働きながら年長まで勉強」モデルです。第二グループ（象限B）はアングロサクソン諸国などの「働きながら勉強」モデルです。第三グループ（象限C、D）は多くの欧州諸国が含まれる「まず勉強、それから仕事」モデルです。そして象限A、Bのうちドイツ、スイス、オーストリアは第四グループとして「実習制度」モデルと呼ばれています。この図には日本が載っていませんが、本文の叙述では日

図表13　教育を離れる年齢と学習と労働の組み合わせ

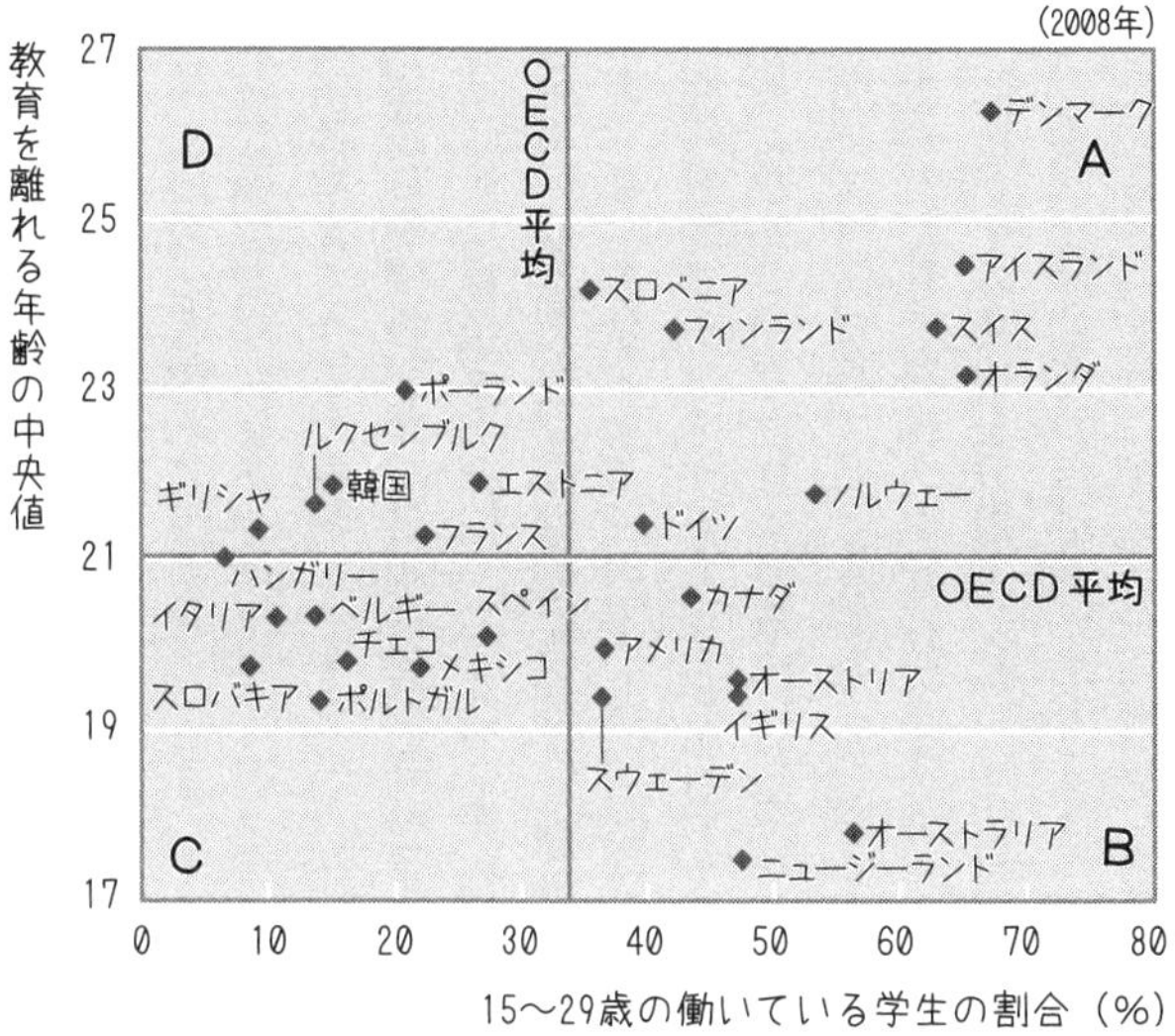

本は第三グループに含められています。

この報告書でOECDが強調するのは、若者雇用のパフォーマンスがいいのは学習と労働を組み合わせている第一、第二、第四グループの諸国であり、第三グループは若者の就業率が低く、ニート率が高いなど問題山積だということです。ですから、第三グループの諸国は学習と労働を組み合わせる方向の政策をとるべきだというのがその政策提言になります。第一グループや第二グループには若干の問題も指摘されているので、**特にお薦めなのはドイツ型のデュア**

ル実習制度となります。

こういう国際的な比較の中に置くと、かつての日本社会がいかに例外的であったかがよくわかります。学習と労働が切り離された第三グループでありながら、若者の雇用パフォーマンスが他のどの国よりも高かったのですから。

その理由は本書で今まで説明してきた「入社」のシステムにありました。私の言う「**教育と労働の密接な無関係**」**が、日本の異例なパフォーマンスを支えていた**のです。そのシステムが部分的にせよ機能不全に陥ってくるとすれば、それに**代わって若者の雇用への移行を支える仕組みは、**「**教育と労働の密接な関係**」**以外にはあり得ない**でしょう。

同報告書では、典型的な第三グループの国において近年インターンシップという形で学習と労働を組み合わせる試みが熱心にされていることが報じられています。ベルギー、フランス、韓国等と並んで紹介されているのは日本なのですが、その内容は極めて限定的なものにとどまっています。韓国では、卒業後に当該中小企業に採用されるという条件で、中小企業の必要に合わせた教育訓練を生徒に提供するという内容の協定を高校や専門大学が結ぶことができ、政府がその費用を負担するという仕組みが導入されているそうです。こういった先進事例も、もっと紹介される必要がありますね。一方で欧州では、インターンシップに対して企業が安い労働力を使い捨てにする道具にされているという批判もされており、EUでは

「トレーニーシップ」の枠組みを設定しようという政労使の動きも始まっています。

こういった世界の動きを常に念頭に置きつつ、日本型雇用システムの縮小に対応した形でジョブ型正社員を確立していくための「教育と労働の密接な関係」をいかに構築していくかが、これからの日本の若者雇用を考える上での中長期的な最大の課題だと思います。読者の皆さんがそれぞれにそのあり方を考えていく上での何らかの役に立てれば、本書の目的の過半は達成されたことになります。

あとがきに代えて

以上で、現時点で若者の労働について語るべきことはほぼ語り尽くした……つもりだったのですが、実は一点、極めて重要でありながら語られないままとなっていた問題があります。それは、働く場で自分の、あるいは自分たちの権利を守るために必要な労働法や労働者の権利に関わる知識が、肝心の働く人々、とりわけ若い人々にほとんど教えられることもなく、放置されているということです。

本書で繰り返し取り上げた本田由紀氏は、その著書『教育の職業的意義』の中で、職業人を育成するための教育に不可欠の要素として、「適応」とともに「抵抗」のモメントを示していますが、「適応」のために必要な職業的意義のある教育以上に、「抵抗」のために必要な労働教育は見捨てられてきたように見えます。ここではあとがきに代えて、若者労働問題を論ずる上で逸することのできないこのテーマについて、若干のコメントをしておきたいと思います。

「労働教育」という言葉は、現在ではほとんど死語となっていますが、かつては労働省の課の名称として存在したれっきとした行政分野でした。

終戦直後に占領軍の指令で始まり、労働省設置時には労政局に労働教育課が置かれ、労働者や使用者に対する労働法制や労使関係に関する教育活動が推進されたのです。ところがその後一九五〇年代末には労働教育課が廃止され、労働教育は行政課題から次第に薄れていきます。

その最大の要因は、「見返り型滅私奉公」に特徴付けられるメンバーシップ型正社員雇用が確立するにつれて、目先の労働法違反について会社に文句をつけるなどという行動は愚かなことだという認識が一般化していったことではないかと思われます。

労働基準法にこう書いてあるなどと会社に文句を言う馬鹿な奴は真っ当な正社員になれません。

「労働基準法？　上等だ。お前は一生面倒をみてもらいたくないということだな。一生面倒を見てもらいたいのなら、ぐたぐた言うな」

というのが、暗黙の（時には明示の）社会的文法でした。つまり、労働法など下手に勉強しないこと、労働者の権利など下手に振り回さないことこそが、定年までの職業人生において利益を最大化するために必要なことだったわけです。

ところが、第6章で見たブラック企業現象とは、そういう労働者側の権利抑制をいいことに、「見返りのない滅私奉公」を押しつけるものでした。

そこで働く若者の側にブラック企業の行動の違法性を明確に意識する回路がきちんと備わっていれば、どんな無茶な働かせ方に対してもなにがしか対抗のしようもありうるはずですが、日本型雇用システムを前提とする職業的意義なき教育システムは、そもそも労働法違反を許されないことと認識する回路を若者たちに植え付けることを必要とは考えてこなかったのです。

こうして、二〇〇〇年代末になって、半世紀間死語となっていた「労働教育」が、再び政策課題として浮かび上がってきました。とりわけ、非正規労働者やブラック企業の若い労働者など、労働条件が低く、将来的にも低い労働条件の下で働く可能性が高い人ほど、労働者の権利を知らず行使することもできないという傾向にあることが、問題意識として大きくクローズアップされてきたのです。

こうした中、二〇〇八年八月に厚生労働省は「今後の労働関係法制度をめぐる教育の在り方に関する研究会」（座長・佐藤博樹）を立ち上げ（この時、私も若干関わりました）、翌二〇〇九年二月に報告を公表しました。同研究会では、地域で労働法教育に取り組むＮＰＯや行政の労働相談窓口の方々、そしてとりわけ高校の現場でアルバイターでもある生徒たちに労働法を伝えようとしている先生方からヒアリングがされています。また、学生・生徒や社会人を対象にした労働法知識の理解状況の調査結果もホームページ上に公開されています。最近では二〇一二年六月に官邸の雇用戦略対話で策定された若者雇用戦略においても、「労働法制の基礎知識の普及を促進する」ことが求められています。

今後、前記労働法教育に取り組むＮＰＯや高校の先生方、そして企業や労働組合などがこの問題に取り組んでいくための様々な支援が求められます。とりわけ、生徒たちが学校教育段階で的確な労働法の知識を身につけて社会に出て行くことへの支援は重要です。

このため、学校教育とりわけ高校や大学における労働教育を強化し、共通の職業基礎教育の一環として明確に位置づけ、十分な時間をとって実施することが必要です。とりわけ教職課程においては、全員「就職組」である生徒を教える立場になるということを考えれば、憲法と並んで労働法の受講を必須とすべきでしょう。

また、さまざまな生涯学習の機会をとらえ、その中に有機的に労働教育を組み込んでいくことも有効でしょう。労働教育と消費者教育は、今日における市民教育の最も重要な基軸と考えるべきではないのでしょうか。

最後に、あとがきらしいことをひと言。

本書を執筆するきっかけは、雑誌『中央公論』二〇一二年一二月号で（本書にも登場する）海老原嗣生さんと「『四十歳定年制』より大事なこと　管理職を目指さない自由を」という対談を行ったことです。この対談は当時話題になっていた四〇歳定年制論に対する批判が主な論点で、雑誌ではもっぱらその部分だけが記事になりましたが、実際の対談では二時間以上にわたり、若者雇用から高齢者雇用に至るまで縦横無尽にさまざまな問題を論じたのです。

ちょうどその対談の場におられた中公新書ラクレ編集担当の谷口法子さんから、対談で述べていた若者雇用や高齢者雇用について本を書かないかというお誘いを受け、打ち合わせを重ねた上で、若者労働問題に絞って本書のような形でまとめることを決めました。

彼女からは文章表現も含めてさまざまな示唆をいただき、そのおかげで今までの著書に比べてもかなり読みやすいものになったのではないかと考えています。本書が若者雇用問題に関心を持つ多くの方々に読まれ、不毛な感情論を超えて本質的な議論がなされるようになることにいささかでも貢献しうるならば、その功績の一端は編集者に帰せられるべきでしょう。

濱口桂一郎

付録　欧米諸国の若者雇用政策（高齢者早期引退政策を含む）

年	アメリカ	イギリス	ドイツ	フランス	その他
1976		・若年者向け訓練コース拡大 ・新規学校卒業者の採用に対し補助金支給（週5ポンド、26週間） ・若年失業者を中心とする失業対策事業 ・年金支給年齢1年前の者が退職の場合、その間週23ポンド支給	・職業養成訓練賦課金の創設 ・若年失業者採用企業への補助金（4000マルク）	・若年向け訓練契約期間の延長 ・養成訓練受講者の全若年者への拡大 ・訓練手当支給期間の延長 ・若年者雇用補助金（月500フラン、6か月） ・生産労働者の年金支給年齢の引き下げ	・**ベルギー**　男子62歳女子58歳で、年金支給年齢（男子65歳女子60歳）までの間特別年金を受給 ・**イタリア**　若年失業者を雇用して事業所内訓練を行う企業に最低賃金分の補助金
1977	・若年雇用促進法により、雇用と訓練の促進、低所得若年者への訓練機会の創出 ・同法により、公園・森林、レクリエーション地域の保全、管理に当たる全国青年自然保護隊の設置による雇用創出	・工場、事務所で実際の勤労生活を体験させ、知識、技術を付与するための職業経験コース創設（週15～20ポンド支給） ・若年失業者に対し公園等の整備、教育、社会福祉等の臨時雇用を提供		・若年者と技能養成契約（2年間）を締結した企業に全期間法定福利費を免除 ・若年求職者を雇用する企業の法定福利費減免 ・若年訓練受講者に訓練手当支給（最低賃金の90％）	・**イタリア**　若年者の養成訓練契約や常用雇用に補助金（月3万2000リラ、18か月） ・**カナダ**　企業と学校の協力で、学生が学校と職場を一定期間ずつ交替する産学協同制度の促進

	1978
	・若年者雇用試行計画により、ドロップアウトした若者に働きながら学ぶことを可能にする
・失業者を代替として雇用することを条件に、早期退職した高齢者に年金額相当を支給	・職業準備コース（学校、公共職業訓練センター、企業内施設で訓練）、職業経験コース（企業や地方自治体の現場実習）で週18ポンド、12か月間
・年金支給年齢（65歳）前に60歳で自発的に退職する者に賃金の70％を保障 ・職域年金の支給年齢を55歳に引き下げるよう指導	・若年者及び特定女子の雇用に関する法律に基づき、法定福利費減免、企業内実地研修への手当支給
	・**フィンランド**　若年者を訓練生として雇用する事業主に月４２０～７５０マルク支給 ・**ニュージーランド**　新規学卒者や未経験若年者の新規雇用に補助金 ・**ベルギー**　若年者の事業内訓練を行う事業主に補助金支給、訓練生に手当（通常賃金の90％） ・**スペイン**　若年者職業経験制度により訓練契約を結んだ事業主に保険料軽減 ・**ベルギー**　男子60歳女子55歳で早期退職制を適用し、年金給付と同額を支給

年	アメリカ	イギリス	ドイツ	フランス	その他
1979	・総合雇用訓練法の改正により、若年失業者のためのプログラムを延長		・第5次雇用促進法改正により、若年失業者への訓練援助を失業保険金と同額まで引上げ	・若年・特定女子採用企業への補助金を中小企業から全企業に拡大	・**デンマーク** 60～64歳の高齢労働者は任意に引退して失業給付と同額（従前賃金の90％）を支給 ・**オーストリア** 女子54歳、男子59歳で解雇された場合失業保険の2割増で早期引退
1980	・若年雇用訓練計画により、低技能若年者への就業機会拡大、高校・職業学校への連邦援助	・若年者雇用機会事業（使用者の協力を得て職業訓練を経験させ、週23・5ポンド支給） ・特別臨時雇用事業（社会に役立つ臨時フルタイムの仕事を提供）			
1981		・若年者就労機会事業の対象拡大 ・高齢者早期退職勧奨制度の対象年齢を引き下げ ・コンピュータ関係職業訓練校新設		・公共部門による雇用吸収 ・早期引退協定の延長	・**ニュージーランド** 若年失業者に対し公的部門で雇用拡大

1982	1983	1984	1985
• 新職業訓練共同法が成立、低所得の若年層を中心に、連邦政府の一括交付金により、企業内訓練や休暇期間中の教育クラスを組織する職業訓練プログラム	• 夏期若年最低賃金制（若者の雇用機会拡大、職業経験を目的に、夏期に限り若者の最賃額を約75％に引き下げる）		
• 新若年者訓練計画（学業を終了した若年者に1年間訓練機会を提供する使用者や地方自治体に助成金、若年者には年間1300ポンドの訓練手当） • 新地域雇用促進計画（若年失業者に地域に役立つ臨時の仕事を提供）	• 作業分割制度（一つの仕事を二つに分けて失業者の採用に助成）		• 若年者訓練事業を大幅拡充
		• 58歳以上の高齢者の早期引退を促進する早期退職年金法	
• 連帯契約（ワークシェアリング）として55～60歳の労働者の早期引退により生じた新規雇用をできる限り若年者に向ける	• 法定年金支給開始年齢を65歳から60歳に引き下げ	• 地方公共団体等における若年失業者のパートタイム就労（TUC）に月1200フランを支給	• TUCの対象年齢を17～21歳から17～25歳に拡大
	• **ベルギー** 60～65歳の早期退職者に代わって失業者を雇い入れた場合年金を満額支給	• **オランダ** 57歳以上の高齢失業者を失業登録から除外し、65歳まで失業手当（賃金の75％）を支給	• **イタリア** 新雇用法により、高齢労働者がパートとなり、空いた時間に若年者がパートとして就業する雇用創出的連帯契約に補助金

年	アメリカ	イギリス	ドイツ	フランス	その他
1986	•若年層の職業訓練の援助のための職業共同訓練法改正	•18～20歳の職業経験のない若年者を雇い入れる使用者に、1年間週15ポンドを支給する若年者雇用促進事業	•パートタイム就業のかたわら職業訓練を受ける若年者に補助金	•16～25歳の若年者を採用した事業主の社会保障費免除	•**イタリア** 南部イタリアで、若年者が新事業を設立する費用の65％を国が返済
1987		•16～17歳は全員上級学校に進学するか、就業するか、若年者訓練計画を受けるか選択し、いずれにも属さない者には失業給付を支給しないとする法案を提出			
1988		•右記内容の雇用法成立 •地域就労事業に代えて、実務訓練または派遣訓練からなる雇用訓練事業を開始		•集団的公共就労（TUC）を見直し、職業資格を持たない若年者に限定 •若年者見習雇用制度を改善（乱用防止）	
1989				•職業訓練基金制度として、職業資格を有しない56歳未満の失業者に、職業適性証（CAP）の取得を目標として「第2のチャンス」訓練課程を提供	•**イタリア** 南部の若年長期（2年以上）失業者に対し、訓練、公園清掃等に参加することを条件に月50万リラを3年間保障

	1990	1991	1992	1993
			・職業訓練協力法改正により、若年者プログラムを成人プログラムから切り離し強化。特に若年者集団訓練プログラム（ジョブ・コー）を拡充	・学校から職場への移行法案（訓練、労働体験等技能習得プログラム）
	・訓練クレジット（18歳未満の若者で就労機会のない者は訓練企業委員会の発行する訓練クレジットの交付を受け、適当な使用者の下で認定資格を得られる訓練を受けることができる）の開始	・若年者訓練事業を発展的に改組し若年訓練を開始		
・若年失業者対策と長期失業者対策を一本化	・職業訓練基金制度を全労働者に拡大	・無資格若年労働者を採用した企業に対する社会保障費負担の減免	・段階的早期退職の奨励	・若年者を新たに雇用する企業に付加価値税を1人当たり3万フラン還付
・**スペイン**　若年者を雇用する場合社会保険料を50％軽減	・**ベルギー**　従業員50人以上の企業に、3％に当たる若年訓練生の雇用を義務づけ ・**ポルトガル**　若年失業者の雇入れ、訓練を助成			・**イタリア**　見習労働契約の対象者上限を29歳から32歳に引上げ

年	アメリカ	イギリス	ドイツ	フランス	その他
1993	・2000年の目標：教育法案（全国職業技能基準委員会が職業技能基準と技能証明制度を設定提出）	・近代的徒弟制度（若年者が全国職業レベル3以上の資格を取得できるよう訓練期間を2・5～3年に延長）			
1994	・右記2法案が成立			・就職促進契約（若年者に最低賃金以下での就労を認める制度）が労組・学生組織の反対で白紙撤回	
1995	・雇用、訓練に関する情報やサービスを一か所で行うワンストップ・キャリア・センターを全国展開	・14歳の生徒に一般職業能力資格制度を実施	・早期退職制度の見直し（支給開始年齢の引上げ、高齢者部分就労の促進）	・雇用アクセス契約（若年失業者を雇い入れた企業に月額2000フラン） ・就職した若年失業者に一時金（月1000フランを9か月）	
1996		・教育訓練資格制度を改正し、各種学力資格と職業資格の統一的枠組みを創設 ・技能監査制度		・雇用イニシアチブ契約（長期失業者を雇い入れると2年間社会保険料免除）	・**イタリア** 義務教育を10年に延長し、OJTなど職業教育を充実

1997	1998	1999
・雇用・訓練促進法により、若年者の職業訓練を充実	・労働力投資法により、教育訓練プログラムを整理統合し、不利な状況にある若者の雇用促進と職業訓練が柱に	・若年者機会補助金（学校に通わない若者に訓練を提供する地域に補助）
・「ウェルフェア・トゥ・ワーク」プログラムとして、6か月以上失業している若年者に対し、就職、環境保護活動、フルタイムの職業訓練、ボランティア就労のいずれかを実施	・若者ニューディールとして、就職、ボランティア、環境保全、教育訓練、自営業の5つの選択肢のいずれも拒否した者は求職者給付の受給資格を失う ・産業のための大学の設立 ・全国訓練制度、近代的徒弟制度の促進	
	・10万人の若者に雇用・訓練機会を与える緊急プログラム	・政労使トップ会談「雇用のための同盟」でデュアル・システムにおける養成訓練職場の確保について合意 ・若年失業者削減緊急プログラムの実施
・若年者雇用の就業拡大法により、若年者雇用促進計画（地方自治体等が若年者を1年有期で雇用するとき賃金の8割を助成）	・就職困難若年者の就職への道のりプログラム ・資格取得契約の対象拡大 ・雇用代替手当（高齢者の代わりに若年失業者を雇い入れる場合に支給）の期間延長	

年	アメリカ	イギリス	ドイツ	フランス	その他
2000		・コネクションズ・サービス（ニートの若者に手をさしのべて統合的な支援）を開始	・政労使トップ会談で高齢者早期退職から就業継続へ転換		
2001	・宿泊型若年者集団教育訓練の拡充			・若年者雇用促進計画を継続	
2002		・求職活動の要件強化（応募回数、出頭回数）		・「企業での若者法」により、大学入学資格を取得せずに退学した若者を無期契約で雇い入れた企業に月２２５～２９２・５ユーロ支給	
2003	・コミュニティ・カレッジが労働力の発展に果たす役割を強化するため、地域職業訓練補助金を支出		・「アジェンダ２０１０」で職業訓練の場の創設を怠る事業所に課徴金を導入する構想を公表		
2004			・政府と経済界が職業訓練協定を締結、年間３万人分の養成訓練の場の創出を約束	・熟練契約（職業資格の取得のための雇用契約と訓練協定を結ぶもの）の締結促進のための補助金	

	2005	2006	2007	2008
		・NVQ2レベル未満の従業員に基礎的な訓練を行う事業主に補助する「トレイン・トゥ・ゲイン」事業を開始	・世界レベルの技能を追求するため、16～18歳の者に教育または職業訓練を受ける義務を課す ・義務教育最終年齢で職業キャリア教育を義務づけ ・労働者個人ごとに技能口座を開設	・技能と資格を評価するための新たな資格単位枠組みを導入
	・就職が特に困難な若者向けに、社会生活参入契約により、担当カウンセラーが自立支援のためにサポート			

年	アメリカ	イギリス	ドイツ	フランス	その他
2009		・既存制度を改組してフレキシブル・ニューディールを開始。自助努力による求職活動、指導の下での求職活動、支援を受けながらの求職活動、フレキシブル・ニューディールの4段階からなる ・各省共同で若年者支援キャンペーンを開始		・若年者雇用緊急プランにより、見習契約で採用する企業に社会保険料分を助成、研修生の本採用に一時手当、熟練化契約に転換すると助成などの制度を導入	
2010		・「若年者保証」により、若年者に職業訓練または職業経験の提供を保証、保守党への政権交代で打ち切り			
2011		・「雇用体験」により、13週間以上求職者給付を受けている若者に対し、実際の職場で就業体験を行うが、受け入れ先は給与を支払う必要がなく、求職者給付を受給し続ける制度を導入			

出所●労働省『海外労働白書』、厚生労働省『海外情勢白書』『世界の厚生労働』各年版より著者作成

ラクレとは…la clef=フランス語で「鍵」の意味です。
情報が氾濫するいま、時代を読み解き指針を示す
「知識の鍵」を提供します。

中公新書ラクレ
465

若者《わかもの》と労働《ろうどう》

「入社《にゅうしゃ》」の仕組《しく》みから解《と》きほぐす

2013年 8 月10日初版
2021年 1 月30日 9 版

著者……濱口桂一郎《はまぐちけいいちろう》

発行者……松田陽三
発行所……中央公論新社
〒100-8152 東京都千代田区大手町 1-7-1
電話……販売 03-5299-1730　編集 03-5299-1870
URL http://www.chuko.co.jp/

本文印刷……三晃印刷
カバー印刷……大熊整美堂
製本……小泉製本

Published by CHUOKORON-SHINSHA, INC.
Printed in Japan　ISBN978-4-12-150465-4　C1236

中公新書ラクレ　好評既刊

L431
女子と就活
――20代からの「就・妊・婚」講座

白河桃子＋常見陽平 著

その「憧れ就職」「専業主婦ニート願望」にイエローカード！「手遅れになる前に、教えてほしかった」という後悔を、学生や若手社会人から根絶すべく、「婚活・妊活の提唱者」である白河氏と「就活の神様」の常見氏の最強コラボ講義が実現。就活に苦戦する女子も、将来が見えない社会人女子も、不安の正体がわかれば怖くない！　短期的な就活戦術から中長期の出産・育児まで。「結婚では食べていけない時代」の、産める仕事生活マニュアル。

L493
駆け出しマネジャーの成長論
――7つの挑戦課題を「科学」する

中原　淳 著

「突然化」「二重化」「多様化」「煩雑化」「若年化」とよばれる5つの職場環境の変化で、いま3割の新任マネジャーはプレイヤーからの移行に「つまづく」。成果を出すためには、何を克服すべきか？　人材育成研究の知見と、マネジャーたちへの聞き取り調査をもとに「マネジャーになることの旅」をいかに乗り越えるか考える。２０１４年度「ＨＲアワード」にノミネートされた作品。

L637
新装版　役人道入門
――組織人のためのメソッド

久保田勇夫 著

中央官庁で不祥事が相次ぎ、「官」への信用が失墜している。あるべき役人の姿、成熟した政と官のあり方、役人とは何か？　「官僚組織のリーダーが判断を誤ればその影響は広く国民に及ぶ」。34年間奉職した財務官僚による渾身の書を緊急復刊！　著者の経験がふんだんに盛り込まれた具体的なノウハウは、指導者の地位にある人やリーダーとなるべく努力をしている若手など、組織に身を置くあらゆる人に有効な方策となる。

中公新書ラクレ　好評既刊

Chuko Shinsho La Clef

430

グローバル化時代の大学論②
イギリスの大学・ニッポンの大学

カレッジ、チュートリアル、エリート教育

苅谷剛彦
Kariya Takehiko
オックスフォード大学社会学科および現代日本研究所教授、セント・アントニーズ・カレッジ・フェロー

オックスフォードにあって、東大にないもの
――両大学で教えた教授が、警鐘を鳴らす

ワールドクラスの大学では、グローバルな問題を解決すべく、世界中から優秀な教員と学生を集め、人材育成に努めている。オックスフォード大学が、その先頭集団を走る秘訣は何か？　同大で教壇に立つ元東大教授が、中世以来の伝統的教育を報告し、日本の大学が抱える課題を検証する。

中公新書ラクレ　好評既刊

Chuko Shinsho La Clef

431

女子と就活

20代からの「就・妊・婚」講座

白河桃子＋常見陽平

Shirakawa Touko/Tsunemi Yohei

婚活・妊活の提唱者×就活の神様

最強タッグが贈る決定版

その「憧れ就職」「専業主婦ニート願望」にイエローカードです！「手遅れになる前に、教えてほしかった……」という後悔を、女子学生や若手社会人から根絶すべく、「婚活・妊活の提唱者」である白河氏と「就活の神様」の常見氏の最強コラボ講義が実現。就活に苦戦する女子も、将来が見えない社会人女子も、不安の正体がわかれば怖くない！短期的な就活戦術から中長期の出産・育児まで。「結婚では食べていけない時代」の、産める仕事生活マニュアル。